# 線上愛情學

心理學家約會心法全公開，
讓奇蹟從下一次滑動發生！

## 100 DEJTER

Psykologen Som Kysste
100 Grodor För Att Skapa Den
Perfekta Dejting-Guiden

## Angela Ahola

安潔拉・雅赫拉——著
章晉唯——譯

**獻給我的家人和所有大方與我分享經驗的你**
**謝謝你們！**


我們只接受我們自認值得的愛。


──史蒂芬・切波斯基（Stephen Chbosky），《壁花男孩》作者

# 序　一百次約會

　　單身生活可以多彩多姿。人生不需妥協，也不需冒險受傷。但很少人不去尋找潛在伴侶，我們已演化成隨時會將擇偶雷達打開。我們在酒吧、工作、健身房時都在擇偶，多數單身人士都至少下載過一款交友軟體。但現在的問題是，約會感覺愈來愈像兼職工作。根據數據，我們在交友軟體上浪費不少時間，67％的單身人士覺得約會不順利，75％的人覺得很難找到約會對象[1]*，即使我們用盡全力，結果仍不盡人意。感情生活感覺是一灘死水。我們個人的自信心逐漸動搖，挫折感不斷累積，最後我們刪了應用程式。但過一小段時間後……我們又下載回來。

　　我們繼續做戀愛的夢，幻想找到靈魂伴侶。我猜你們多數人可能跟我一樣，覺得單身生活非常好玩！不管你想滿足性需求、尋求交往對象、親密感或得到一點注意，約會都是最有效的辦法。約會令人興奮，並能滿足你的各種需求，那感覺像初夏宜人的傍晚在公園散步，空氣瀰漫著期待。

* 本書引用資料出處，請見線上網址：
https://event.bookrep.com.tw/activity/2023/100dates/100dates.pdf

我叫安潔拉‧雅赫拉，我是心理學博士和積極的研究者。我目前著作包括《為什麼我們這樣想，那樣做？》（*Dina Dolda Drivkrafter*，潮浪文化出版）和《留下印象的藝術》（*Konsten Att Göra Intryck*，暫譯）。我在經歷一段很長的關係之後回到單身，我發現現代約會世界的一切都教人難以理解，必須注意一系列潛規則、概念和表達方式，並有許多心理層面的事必須應付。我決定開始認識新朋友的第一天起，我便一直在約會。雖然寫書本來就要花時間研究，我的背景也讓我習慣於實驗，但這次研究真的是累上加累。為這次計畫，我扮演了各式各樣的角色。我同時是實驗者也是受試者。我下載了交友軟體，滑了無數小時，實驗了各式各樣的大頭貼和自介。我將約會對象年紀調到最廣，十八歲到一百歲，並和形形色色的人配對。我約遍瑞典各地，不論是大都市斯德哥爾摩還是鄉村小鎮，從北到南，甚至橫越巴士底海峽到赫爾辛基。我和成千上萬人傳訊，實驗各種開場策略，像用GIFs動圖或表情符號，用了無數種方式表達「你好」，也曾靜靜等待，讓別人開啟對話。我在各處認識男人，包括酒吧、遊輪、工作場合及快速約會活動等。當然，許多好心的朋友和親戚也向我介紹不少對象。透過配對和聊天，然後進行第一次約會，直到約會後的聯絡，我依據個人經驗收集資料和實驗，從頭到尾分析整段過程。我曾遇過「帳面上」看來不錯的對象，約會過程很開心，但也就如此。我曾遇過雙方都有好感的情況，許多方面契合，感覺也不錯，但總覺得少了點什麼。我感受過一切情緒，包括期待、希望和絕望，甚至在面對約會的不確定性時，曾覺得一切毫無意義。

《線上愛情學》（原書名：*100 Dejter*，一百次約會）這本書結合了科學最新研究，與其他約會者的訪談和我一萬次的配對，我之所以如此命名，是因為它是我和超過一百個不同的人約會後的成果。約會一百次確實是個挑戰，但顯然也是一場令人興奮、充滿啟發的冒險。

　　所以為何是一百人？

　　我想向你們保證我在這場約會遊戲中觸及了光譜兩端。不過不吸引我的人，我仍排除在外。本書全是實戰，全都來真的，沒在開玩笑。有的對象我和他約會多次，有的我只約過一次。我約過城市人和鄉下人、學生、自由業者、職業騎師及還在思考「未來要幹嘛」的男人。有的人會自說自話，有的則是沉默寡言。我遇過內向的、外向的、大嘴巴的、保守祕密的、愛抱怨的、強勢的、光鮮亮麗的、團隊合作型的。有的男人一開始打招呼就很緊張，有的男人和我找到許多共同點，有的男人在約會一開始便踩遍我所有地雷。我甚至遇過「照騙」的情況，最後還跟用假照的男生約了會。當我一進門發現對方長得完全不一樣，你能想像我有多驚嚇。我曾在咖啡廳、酒吧、餐廳、碼頭和別人家約會，也曾一起享受野餐和長時間散步。有的約會很棒，有的普普：我遇過對象和我的追求截然不同；我曾不抱期待去約會，結果玩得很盡興；我也曾滿心期待赴約，結果敗興而歸。我有一段非常長的時間都活在約會實驗中，但簡而言之，我只是一直在約會而已。這段過程我毫無保留，完全真槍實彈，拿自己的感情做賭注。我恢復單身，並開始約會。要是我

第十次約會碰上真愛，實驗就會在那一刻戛然而止。

早已有人研究過兩人情投意合的要素，包括影響人類吸引力的要素和釣魚標題的心理機制。我為找出影響別人的最佳心法，使出渾身解數，並會在書中全部告訴你，像散發魅力的關鍵詞及心理學的**鏡射**（mirroring affects）如何影響約會。

單身生活不需要百無聊賴，被動等待夢想實現。你應該去外頭享受生活！你無法預測何時會遇到對的人，而且誰知道，說不定你這次出去，就是這輩子最後一次單身？所以創造回憶吧，去和你想見的人見面。別同時踩著煞車和油門，被恐懼和失望拉住。感謝每次相逢，並珍惜他們給予你的每一課。單身時就盡情享受，無論如何，你每一步都可能更接近真愛。而享受調情的同時，也學會何時該把交友軟體刪了。

這本書是給所有人看的。但為了簡化敘述，代名詞你、他、她和他們我會任意選擇。所有的例子你可以自己決定適用的性別，其中當然不免有些例外，例如提到屌照的那一章。

我相信遇到對的人時，你一定感覺得到，沒人要讀書才懂。但另一方面，總要先知道如何把一個好對象約出來吧。你也可能要學個幾招，增加第二次約會的機會。當別人問：「你為何在這裡？」我們必須知道如何回答。有時雖然我們想更進一步，卻只和對象成為朋友。如果沒有化學反應，就不會有第二次約會了。第一次約會後，你和他誰要主動聯絡？下次見面要隔多久，一切才不會付諸流水？哪種訊息能維持火花？性暗示的照片怎麼處理最好？另外，我

會教你約會對象的三種類型（注意！其中一種一定要躲）。

　　你面臨的挑戰是，交友軟體會扭曲現實。我們會以為外頭有數不盡的對象，等著我們認識。乍看下確實如此！我們會被眼前的幻覺所迷惑，滑到指紋磨平。交友軟體像單身男子倉庫，以前只有村裡三個怪咖能選的時代已然過去（最好趕快嫁給強納斯……要是安納雷娜先下手怎麼辦？）最後我們變得愈來愈膚淺和挑剔，變得更容易物化他人。男生只要有點小失誤，像傳訊時字沒打好或問錯問題，我們便急著和他們斷絕聯絡。

　　問題是，別人也身陷同樣的幻覺。約會市場競爭激烈，讓人喘不過氣來。我們像是暴風雪中的一片雪花，或撒哈拉沙漠的一粒沙。我們不被看到，也不被聽到，並度過一個個寂寞的夜。我們每天晚上都在滑手機，埋首聊天，卻無法和美麗的人們來場浪漫、撫慰心靈的約會。這就是為何你必須控制自己送出的訊息——尤其要配合不同的約會階段。你的第一印象必須讓人耳目一新，留下記憶。約會是一種藝術。想約出成果？現在準備上場出擊吧！

　　讓我給你們一句最佳的建議，我相信這句話肯定能增加你成功的機率。無論你是在尋找夢寐以求的伴侶、他人的肯定或只是想找個人聊天打發無聊的夜，請把這句話放在心上：**一切都不確定時，一切都充滿可能。**

安潔拉‧雅赫拉

2021年3月15日

# I 約會前

# II 約會時

# Ⅲ 約會後

# Ⅳ 不只是約會

# 前言　你為何會想找對象？

　　一開始單身時，我五味雜陳：我想約會，但我也不想約會。我很滿意單身生活，至少暫時不想去市場找新對象。不過……我內心一直充滿好奇。

　　這一章中，我們會檢視自己最初為何追求愛情。

## 我們的雷達為何開啟？

　　我們渴望的是什麼？

　　一開始作為物種，人類進化之後，傾向群居，並會自然成群結隊。比起死亡，大家普遍更怕在人群面前發言，演講感覺十分危險，因為被人群拒絕非常可怕。要是大家同時都覺得我們毫無價值怎麼辦？[1]這是非常駭人的念頭，因為對祖先來說，受到排擠，基本上形同死刑。和群體生活，生活會變得相對容易。每個人都能輕易接觸到大量潛在伴侶，可以一起分享食物，分擔養兒育女的責任，延續薪火。

　　我們的感受，不論狂喜、劇痛或煎熬，很大一部分與人際關係

有關。一段感情能讓我們開心到天旋地轉，但同一段感情結束，也能讓人生瞬間感覺毫無意義。痛苦是必然的，因為我們與生俱來擁有各種感覺。它們能幫助我們生存。我們天生會在乎自己的血親，而社交的痛苦其實也是真正的痛苦[2]。我們天生會想與其他人有所連結。我們會想讓孩子待在身邊，保護他們的安全。我們會想要擁有朋友，並和親戚保持社交上的關係[3]。我們會讓重要的人待在身邊，為生活賦予意義，而和其他人相處時，我們會感到一身輕盈。我們與生俱來擁有社交天性，和親近的人相處時，我們的大腦會進入放鬆狀態，儲存能量。關係愈親近，耗能愈少。我們和信任的人在一起時最省能量。如果我們一直認識新朋友，就無法達到這效果。不斷和不同的人相處，不如重複與相同的人相處[4]。一整天參加會議或在雞尾酒派對社交之後，我們不都覺得精疲力盡嗎？

　　生命中重要的人要是無法規律見面，也無法令人滿足。人類基本上需要彼此的歸屬感[5]。但現在人類預期壽命大幅延長，也許我們該捫心自問，我們真的該跟一個人生活一輩子嗎？也許跟一連串伴侶會更好？甚至……同時和多人交往？


## 一個伴侶能讓你快樂嗎？

　　我們真的需要一個伴侶來滿足社交需求嗎？戀愛關係和其他關係有何不同？

　　首先，大多數人追求戀愛關係是為了親密感，或也許想擁有家

庭。我們希望有人能愛我們的一切，像肉芽、疤痕、缺點等。我們會追求完全獲得接受的感覺。我們多少會做好心理準備，去面對失落、無聊的約會和痛苦的分手，因為如果一切順利，我們將找到讓一切都值得的那個人。我們像是落入漏斗的彈珠，彷彿有股無形的力量迫使我們去找那個人。成年人想重溫小時候和父母的深度關係的話，戀愛關係（在最順利的情況）是最接近的一種。本書會進一步花點時間探討，在尋找這份特殊關係時阻擋我們的潛在障礙。

　　尋找伴侶時，我們希望得到什麼？

　　有個約會網站對會員進行調查：「你在愛情中尋找什麼？你個人想要伴侶的原因為何？」他們得到一大堆答案。有人說他們在尋找希望。有人寫說：「我的人生缺少愛情就不會快樂。我心底知道自己需要親密關係，才能真正感受到人生有意義。愛是讓我人生完整的一塊拼圖。」其他人則想找人分享經驗，例如一起裝飾耶誕樹、煮飯或躺在床上一起看電影，能傳夕陽的照片給對方，或也許一起生兒育女。有則回覆是這樣寫的：「尋找愛情像是尋找一個值得分享人生美好一切的人，那是朋友無法替代的程度。別忘記回家有人張開雙臂擁抱自己的感受。萬事不順時，有人來安撫你。我尋找愛情，因為人生苦短，不能浪費，我和美好的人分享人生時，人生最為美好。我能和對方一起大笑，也能一起分擔人生沉重的時刻。有人能用一個笑容，讓我感到溫暖。我也想成為對方的那個人。」另一則回覆說：「我尋找愛情，因為那是人生美麗的事物，那份愛無法複製，也無法假裝，一定是真實的。我們不能逼迫愛，

也不能自己達成。一定要發自真心。」總而言之，在人生中擁有特別的那個人和擁有朋友不同。

　　所以尋找愛情是深植內心的需求。感情關係正向的人身體會比較健康[6]，病會好得更快[7]，壽命也更長[8]。關係中的親密感和滿意度是我們快樂與否的關鍵[9]。反之，寂寞和感情關係不佳會增加憂鬱和病痛的風險[10]。愛情關係則往往與快感、親密感和靈感有關[11]。換言之，人會因此感到世界太平，萬事如意。當我們為某人著迷時，我們神經化學組成會受到影響。中國研究指出，我們看到愛人的照片時，大腦獎賞系統會出現特殊反饋[12]；英國研究指出，不論我們的感情關係是同性或異性，獎賞系統都會活動[13]。

## 新契約

　　1990年代，未婚成年人非常少見。因為過去比現代更需依賴彼此，「老處女」、「剩女」和「單身漢」通常是反常現象。排擠（被踢出團體、漠視和孤立）是人類社會中最慘的懲罰。孤立意即暴露在危險之中，並可能喪命。團體、家族、村落、部族和結婚會給予人安全感。人類漫長的歷史至今，外部環境迫使我們投入長期關係，親密感通常只是個愉快的副產品。現在情況不同了。現代社會不僅打開了獨自生活的機會，也提供了開放的選擇，讓人迴避感情造成的痛苦。如果親密關係太過沉痛，我們可以放棄親密感。

　　目前單人戶的比例已達到歷史新高[14]。上千年來，大家以為一起

生活是習以為常的事，但在西方，上世紀中葉之後，單人戶變得愈來愈平凡，並成為全球趨勢。目前單人戶已經是瑞典最常見的居住類型[15]。

事情怎麼會發展至此？簡單來說，因為我們辦得到了。現在即使沒有伴侶，多數人仍能輕鬆度過一生。過往在同樣的邏輯及依賴經濟關係下，我們總是「不得不」一起生活，現在再也不用將就了。單獨生活很昂貴，所以社會最起碼必須繁榮和安全，這種生活類型才能普及。以前意外懷孕的話，女性的自主權會遭到剝奪，現在我們則有控制生育的觀念。而感情關係的建立也回歸到個人意願——大家可以自由選擇是否要進入這場遊戲。我們也能選擇暫時自由交友，放下過高的期望，享受約會的快樂。紐約大學社會學教授愛瑞克·克林南伯格（Eric Klinenberg）指出，單人戶增加是現代社會的重大轉變。我們先說清楚，單獨生活的人不見得都單身，但趨勢非常明顯。而為何要單獨生活？他們都能明確說出原因：自由。他們希望能掌控自己生活，擁有自我實現的機會及獨處空間。許多人脫離一段關係後，都會想重新站穩腳步，適應新生活步調，想辦法找回自己。另一個關鍵的因素是性別平等。女性政治和經濟獨立之後，數據顯示：愈晚結婚的人愈常離婚，因此許多人會獨自生活。同時，我們大多數人不會一輩子單獨生活，端看我們在人生哪個階段。而且大家對單獨生活的看法愈來愈正面，於是許多人都決定如此，現在也變成主流。也許這代表人類變得更自由，個人力量也變得更強？這和網路交友變成主流如出一轍，單身不再是羞恥的事了。

既然單獨生活當道，我們會受到什麼影響？長久以來，我們都以為寂寞只會影響人類心理，但我們現在發現，寂寞也會對身體造成傷害，甚至導致死亡[16]。不過我們必須仔細區分自願和被迫單獨生活。多數單身的人都是自願單身。他們自立自強，享受人生。他們可能一點都不寂寞，許多人有孩子、朋友和家庭，只是沒有固定伴侶——這點他們倒覺得落得輕鬆。確實，單獨生活有負面的影響，但被迫單身的狀況下，才會增加心血管疾病和早死的風險。被迫單獨生活時，我們身體會分泌壓力荷爾蒙，大腦痛苦系統也會有所反應，這便是有害之處。和有人陪伴相比，孤單所承受的痛苦更劇烈。簡單來說，群居特性是人類成功的要素。我們大腦會將有助於人類存活的行為化為正向經驗。和人相伴時，我們祖先的大腦會分泌神經化學物質，讓他們產生安逸感，因此我們也會自然而然尋求陪伴。這就是為何我們從出生到死亡，都會因為和他人接觸而得到力量。

## 不去刻意追尋，愛就會找上門來嗎？

多項研究證實，人類要達成一段關係，其實不需多少條件。（對約會好幾年，卻找不著伴侶的人來說，這聽起來像一種侮辱，對吧？）讓我好好解釋：人類形成社會連結的唯一條件就是頻繁、緊密的相處。有研究者也指出，任何人和我們花時間相處之後，我們都會對對方產生好感，即使我們原本不喜歡對方也一樣[17]。兩人一

起經歷困境後，情感關係通常會更緊密[18]。這聽起來可能有點矛盾，畢竟制約的心理機制是「正向回饋會增加吸引力」。不過研究者蘭坦德（Latané B.）、艾可曼（Eckman J.）和喬伊（Joy V.）[19]發現，一起接受電擊的受試者，比分開接受電擊的受試者更容易喜歡彼此。戰場上面對激戰之後，同袍之間也有相同的現象。這有兩個解釋：**一、情緒上出現錯亂（錯誤歸因），我們誤以為害怕喪命是一種吸引力。二、另一人降低了我們的痛苦。只要有人在身邊，我們都會對對方產生正向的情緒寄託[20]。**（但若真是如此，我們會想在初次約會從事危險活動嗎？）

　　愛情真的會像張意外的明信片，從天而降嗎？恐怕我必須告訴你，是，也不是。我回答得模稜兩可是因為：我們真正渴望一件事時，意圖通常會太過明顯，彷彿不顧一切需要另一伴。這點並不吸引人，只會顯得我們自卑。所以很重要的一點是，不要覺得每次約會都是「命中注定之約」。態度放鬆，告訴大家：「我了解感情並非一蹴可及。」這會讓人感覺更有魅力。只要專注在本身目標、需求、興趣和個人成長，你就會散發自信，而自信非常吸引人！除此之外，約會時（像在家一樣）表現消極，絕對不會有效果。畢竟不踏上球場，永遠不會有機會碰球。

## 約會是場實驗

　　約會本身就是一場實驗，和愛情候選人安排約會就是**試誤法**（trial and error）的過程。我們出去一會，稍微了解彼此，決定這人適不適合自己，並捫心自問，我們真的合得來嗎？有的特質顯而易見，例如外在的魅力。但可惜的是，其他特質都藏在表面之下，人格需要時間才能驗證。當然如果看走眼了，最好能在同居、買車和養倉鼠之前平安下船。

　　判斷潛在約會對象有什麼要點？當然，我們要尋找在某些方面能匹配的伴侶，像是魅力[21]、智力、經濟上的價值觀、個人價值和人生目標。而除了找出共同點之外，個性也需要一些不同之處，才能相輔相成（本書後面會詳述）。許多人也聲稱每個人都有「靈魂伴侶」，但這概念有其謬誤。

　　現在尋找伴侶最常見的方式是透過網路（23%）[22]。接著是透過朋友（21%）、工作場所（14%）、酒吧（13%）和晚宴及派對（8%）。當然我們還是有透過其他方式遇到人的機會，像在大學、舞廳或其他消遣活動，雖然統計資料各國不同，但網路是現在遇見人的首要方式。我們一開始要在網路交友，便會投注大量時間。我們平均一天會看Tinder9到11次[23]。使用者中，62%是男生，38%是女生[24]。有一點令人非常驚訝，Tinder使用者中，單身者只占54%，而有12%至30%的人並非單身（！），最後3%的人離過婚（這些統計各國不一樣）。甚至還有設計給「劈腿者」的交友軟體，他們會在工作時間約會，並擠出時間接孩子放學、回家吃晚餐，盡其所能不

讓伴侶發現。有的交友軟體主要給約炮的人使用，也有的專門給喜歡BDSM（綁縛、調教、施虐和受虐）的人和LGBTQ+社群。

另外，容我花點時間指出網路交友的幾件事實，以下幾件事你恐怕躲不掉。根據英美進行一千人網路約會的問卷調查[25]，有53％的人承認自己會說謊，最常見是外貌（許多人會用年輕的照片），但有人也會美化自己的工作，佯裝自己多成功（例如謊稱自己有更好的工作）。在前一份研究中，厄文・高夫曼（Ervin Goffman）指出，我們會積極形塑其他人對我們的印象[26]，這現象稱之為**印象管理**（impression management）。隨著年紀增長，欺騙行為一般會漸漸減少。但這代表我們對自己感到愈來愈自在，並願意揭露真實的自己嗎？還是比較不理想化了？交友軟體另一個問題是男人找人約炮的人數比女人多。這點通常會搞砸交友軟體的機制（晚點我會詳述）。

外貌通常會決定我們在酒吧和夜店會接近誰。通常和其他人見面時，尤其是出席派對或想跟人邂逅時，我們會努力打扮得光鮮亮麗。我們都明白這能讓人搖起尾巴。

所以我們在交友軟體上會被誰吸引？外貌在這裡也很重要。但我們滑過一張張肖像照，看外表是否匹配時，其實也沒那麼膚淺。我們同時也努力在感覺，兩人在社會上是否匹配。我們會自問：「我跟對方有什麼共同點？」我們會注意對方的穿著、姿態、表情，諸如此類。我們會評估（也許只是潛意識）這人喜歡寧靜的夜晚，還是在外狂歡？這人多有自信？多強勢？不懂這點的人在網路上會顯得很膚淺。例如有兩張照片，一張是男人拿著飲料在夜

店裡，一張是男人抱著貓和媽媽坐在沙發上，兩者會傳達出截然不同的訊息。如果他在陽光普照的海灘上看一本間諜小說，又會傳達出不同的訊息。一張照片能傳達上百種訊息，我們一眼便會做出判斷。

除此之外，有的交友軟體也能替我們找到最適合的人選。這項功能主要是透過演算法。我們只要填入自己的資料，就能彼此配對。西北大學社會心理學教授艾里‧J‧芬克爾（Eli J. Finkel）指出，這些「解決辦法」[27]都是假的[28]。他表示在尋找「對的人」的旅程中，沒有感情研究者會把這當作百分之百的科學。當然，使用演算法的交友網站都駁斥這種說法，但艾里花了一年調查他們採用的演算法，並和八十年來探討約會和吸引力的研究比對。他的結論是什麼？沒有證據顯示配對服務有效（抱歉！）配對是相當棘手的領域。在一項研究中[29]，研究者曾以一百種變數、特質和偏好來決定兩人能否配對。最後結果？無效。我們能增加彼此吸引的機率，僅此而已。要成為伴侶，我們要的不只是相互吸引，日常生活的頻率也必須一致，兩者同時契合的機率其實非常小。研究者指出，所謂吸引力（兩人見面那一瞬間發生）基本上無法預測。那像是兩人同時的化學反應，人格綜合特質一拍而合，神祕地交互作用。

人生不是每件事都能放入科學的小格子分門別類，像愛、人際化學效應和吸引力仍覆蓋著神祕的面紗。

這一切都代表，網路交友有時像躡手躡腳走過戰場的地雷區，那裡誰都不可相信，睡覺都必須睜一隻眼（好吧，也許我說得太誇

張了……）。但我們可別忘了一個幻覺：「外頭有好多人，我滑滑滑，好像永遠都滑不完……」如果真有那麼多人，我們為何都不給任何人機會？那感覺像你想看電影，但選擇太多，最後你直接上床睡覺了。心理學家稱這現象為**選擇超載**（choice overload）[30]或**選擇過度**（overchoice）[31]，第一次是在阿爾文・托夫勒（Alvin Toffer）《未來衝擊》（*Future Shock*）[32]一書中出現。有太多選擇和可能性的話，像是丟個扳手到我們的認知齒輪，選擇會超出負荷，增加我們選錯的機率。呼！這對我們來說可不妙，因為不管你是否有意識到，腦袋都會自然作用。我們會去比較眼前的那群人（明明他們都符合條件），並過濾出最好的選項。潛在選項數量的滿意度呈鐘形曲線[33]，選項有限的話，我們不喜歡，但只要選項稍多一點，大約在5到9個時，我們會最滿意[34]。一旦選項數量超過甜蜜點（換言之，約會網站上出現太多潛在對象時），我們的滿意度就會降低，並漸漸會感到挫折和疑惑。有人在雜貨店進行一場著名的實驗[35]，受試者會面對一架子果醬樣品。其中一個架上有24種不同的果醬。另一個架上只有6種果醬。雖然受試者因為好奇，停在選擇多的架子前的人數比選擇少的架子多出50％，但受試者從選擇少的架上購滿果醬的機率比選擇多的架上多出10倍（30％對比3％）。「陳列」少的話，較符合人類的心理機制。

　　研究也顯示，大多數交友軟體設計將人選並陳，引導我們進入**比較心態**（comparison mode），這也稱之為**評估心態**（assessment mindset）[36]。這種情況下，我們會變得容易批評，並會在大量人海中比較潛在約會對象[37]。另一種方式叫**動態心態**（locomotion mindset），

做法是一次只會有一個人選讓你考慮[38]。這時面對各式人選，我們才會審慎思考。而交友軟體有過多選擇時，也會讓我們物化潛在對象。約會變成網路菜市場時[39]，情況和在酒吧和晚餐派對碰面天差地別，我們的腦袋會以類似方程式的方式，衡量每個人的優缺點和成本效益[40]，並預先判定我們相不相信兩人關係能成功。根據另一項實驗[41]，快速約會時，選擇人數愈多，我們會變得愈懶得做決定。潛在人選數量太多時，我們會讓自己的判斷標準變得更表面，專注在輕易就能分辨的特質，例如外貌、身高、體重等等，卻忽略了內在特質（這我們當然看不到，但如果努力的話，可以略知端倪）。比起面對面相處，看到一排潛在對象時，我們變得容易批評和挑剔[42]。網路交友也會讓我們時間管理變差[43]，花太多時間瀏覽不適合對象的自介，花太少時間在適合的對象身上。我們會失焦，並覺得人選大都不滿意。

為什麼？因為太多選擇了！

所謂「選擇太多的問題」[44]會讓我們習慣說不。我們會大量淘汰比較不起眼的人選。但在那之後，我們對人選還是會不滿意[45]，因為我們會好奇自己是否在塵土中錯失一顆鑽石。身為人類，即使會破壞我們現況，我們仍傾向讓自己保有選擇權[46]。

我想你懂我的重點。網路交友確定是個挑戰，它不符合我們的心理機制，也不自然。另外，交友軟體會讓我們不想找單一伴侶[47]。「幹嘛定下來？滑下一個不是更好！」這現象我們討論好一會了，但缺點還沒講完，甚至在我們找到愛人之後，網路交友仍會影響著我們。當我們看到好多可口的鮮肉等著我們，我們會覺得伴侶缺乏吸引力，我們相處時會變得漫不經心，變得不滿足，許多人最終因

此分手[48]。不大妙，對吧？但如果我們選擇少，便會正面看待並美化自己的伴侶。我們改變的機會愈多愈挑剔；反之，如果我們覺得每一次選擇都永久且不可逆，我們更會安然處之。「骰子已經擲出，我們盡力讓一切更好。」如果我們相信選擇無法重來，那自然的防禦機制就會啟動，讓我們接受並知足。所以愛好自由就必須付出代價。面對大量選擇時，**最大化者**（maximizers）[49]尤其會感到難受。最大化者會努力篩選最好的人選，盡力比較，將標準拉高。這種人就算選擇之後，也常會感到失望。他們經常猶豫不絕，只注意他們沒得到的，而非他們得到的。反之**滿足者**（satisficers）會更滿意自己的選擇，不管是車子、冰淇淋或伴侶都一樣。滿足基本需求的選項出現時，他們馬上就會滿足。他們一旦選好之後，便覺得不需再找尋。他們不需要擁有最好的才能滿足。遺憾的是，最大化者的追求會讓人生變得不快樂和負面，變得自卑，不容易滿足。最大化者通常憂鬱，講求完美主義，時時焦慮。不過，經過比較過程，他們確實會找到更好的人選！所以約會時，我們應該在滿足者（對，不可能事事如願，但對方該有的都有了）和最大化者（外頭還有更好的人選嗎？）之間找個平衡。如果一直騎驢找馬，你的感情和伴侶都會受苦，若一直吃碗內、看碗外，你最後只會推開所有人事物。但當然也不能不經挑選，來者不拒。

我們所有人在約會汪洋中只是一條小魚。下一個人只在一滑之間。我們送出一百顆心和好笑的動圖，向無數人問好，結果……毫無回應。過幾天之後，世界傳達的訊息再明白不過了，你我不比別人亮眼，也缺乏優勢[50]。

讓我用個研究來總結這章，點出網路交友的好處。研究顯示，雖然網路有許多缺點，但透過網路交友結婚，比起在現實中交往結婚，感情要來得穩定許多[51]。研究者推論，可能因為透過網路交友，我們選擇更多，因此能進一步選出更好的伴侶。另外，在網路上約會的人更確定自己不是要意外落入愛河，而是要積極尋求感情。光憑這點，對方在感情中可能更懂得付出。由此來看，我只希望我們能明智一點，把握住這種高品質的感情關係，不要落入吃碗內、看碗外的陷阱。

本章中，我們認為人類需要並尋求著彼此的陪伴。我們希望能透過感情關係得到親密感。用網路交友軟體尋找對象已成趨勢，而那條路各方面都十分顛簸。總之我們都準備好鑽入刺激的網路交友叢林了，（潛在的）一生摯愛就在那裡等著你！或也許你只是想找人溫存，尋求暖心的肯定。無論你需要什麼，看完這本書之後，你就能增加找到特別的他／她的機會。

我們一起加油！

# 約會前

# ♥ 真愛一輩子 VS. 愛就是現在

到底要「真愛一輩子」，還是「愛就是現在」？

你第一個要問自己的問題就是：「我到底在尋找什麼？」這是至關重要的繩結，需要自己好好解開。知道你的目標之後，便能開始找尋。

## 三種對象

約會的人[1]主要分成三種[2]。有的在尋找新伴侶共結連理。有的只想約炮。也有一群人只是想找點樂子和認可[3]（別人對自己向右滑感覺很好。知道外頭有人對你有興趣是件開心的事）。我們在網路上交的朋友愈多，愈不會感到寂寞[4]，但尋找「認可」的網友通常不想在現實見面。甚至有人只是來交新朋友，像剛搬到新社區的年輕人，但統計上這些人數量不多，所以我們只著重在三大類。

先問自己一個重要的問題：你是哪一種？

想通之後，事情會容易許多。你能根據自己的目標打造自介：放上對的照片和文字敘述，提到哪些興趣，或有人要你攤牌時要怎

麼回答：「你在這裡的目的是什麼？」你魚鉤上要裝上對的餌，這樣的話，你才能以正確的訊號吸引到你有興趣的對象。

## 去蕪存菁

你會一次次聽到：「你在這裡的目的是什麼？」下一個重要的問題是，你和新配對是否有相同的目的。有個很有效率的方法能搞清楚：開口問！約會必須練習的關鍵技巧就是快點釐清誰是誰。讓我花點時間稍微具體形容三種約會仔，幫助你輕鬆「去蕪存菁」：

### 尋求認可的人

這種人想要認可，如此而已。他們在網上通常像蜜蜂一樣忙，你遇到他們時，他們會用假黃金引誘你。他們會讓你換別的應用程式，友善和你聊天，也許交換一、兩張照片。當然是正常的照片，但出現甜頭也不意外。問題是過一陣子，一切都說不通⋯⋯他們永遠不想在現實生活見面。你想簡單打個電話，他們會說：「我習慣傳訊息，不想講電話⋯⋯」對這種人，網路交友只是打發時間的方式。事實上，這類人裡頭，有些人早就有固定伴侶了⋯⋯

研究支持認可的好處。別人的認可對我們個人身心健康至關重要。在一個實驗裡[5]，受試者會收到家人或親友所寫的「信」，相對於客觀訊息如「你有棕色頭髮」，他們聽到正面情緒的訊息像「你是唯一比我更關心我的人」，腦中的獎賞中樞就會啟動。那項研究

主要是研究親人的訊息。那陌生人呢？他們的意見有同樣的效果嗎？意外的是，確實有同樣的效果。在相關的研究中，他們在受試者的螢幕投出陌生人的影像[6]。他們會先看到照片，並得知照片中的人想和他們聊天。受試者知道陌生人想和他們聊天時，不管他們是否願意，大腦獎賞中樞也會啟動。所以就算我們不想和某個陌生人相處，對方說喜歡我們時，我們仍會依稀感到「溫暖」。

雖然對方咬餌時，你會感到愉悅，但如果你的目的不是尋求網路上的認可、找尋筆友或打發寂寞的夜，那就忽略這些小魚兒吧。我們要怎麼在一開始就分辨出這些小傢伙？解決辦法就是（在你確定對方值得之後）盡快約會見面。順道一提，這方法能解決大多數的問題。如果時間拖太久都不約會，你就是在目睹一段「感情」白白流失。

### 一夜情

第二種人主要追求的是約炮，他們就是想蜻蜓點水，快速打炮。這群人會用許多行話，像「看netflix放鬆一下」（netflix and chill），這說法代表約會時，褲子要穿不穿都可以。他們的預期是如此：我們約在你家或我家，然後砰砰碰碰，謝謝你小明／小美，我們來日再相會。有項研究分析網路交友行為的性別差異[7]，他們調查了男女使用Tinder的目的。受試者有五個選項：一、我用Tinder看自介。二、我用Tinder找人網路聊天。三、我用Tinder找伴侶。四、我用Tinder約會。五、我用Tinder找一夜情。受試者必須排出志願，五是最主要的目的，一是最不主要的目的。根據結果，49%的男性

受訪者將「我用Tinder找一夜情」放在四或五，而女性只有15%（如果你是女生，並已在網上約會一陣子，我猜這結果不會令你感到意外）。

在交友軟體中，最大的挑戰是這些目的明明互相排斥，卻全混雜成一團。交友軟體無法分辨使用者的意圖，於是造成許多目的不一樣的人配對在一起。統計資料證明，無數人因此尷尬收場：73%的單身者估算他們配對結果中，只有不到10%的人能在現實生活見面（這數字不論男女受訪者都一樣）。看到這樣的數字，交友軟體最常出現的問題一點都不意外：

「你在這裡的目的是什麼？」

一開始，我總是回答：「我剛結束一段很長的關係，我可能還沒準備好開始新的關係，但約個會聽起來不錯。」

我坐在座位上，心裡是想著：「見面散個步、喝杯咖啡不是很棒嗎……認識幾個新朋友，看有沒有化學反應？」但十之八九，我的答案會被解讀成：「所以你想約一發，忘記上一段啊？真直接啊。」

有時這個問題會出現：「你想在哪見面？」字裡行間，他們真正在問的是：你想在公共場所見面，還是在家裡見面？你的約會對象也想了解你的期待。這能讓他們搞清楚，他們現在是有機會一夜情，還是你在尋求別的。如果有人問：「想見面嗎？」我有時會回答：「你有什麼想法？」這樣我能搞懂他們的意圖。如果他們回答類似：「喝一杯後一起回家。」那我就知道他們想做愛，這樣我比較容易做決定。

掌控自己的約會很重要，並能避免不愉快的情況。如果你不想一夜情，那就在自介裡清楚強調，並且在約會前溝通好（可以簡單寫下「不接受一夜情」、「尋找認真關係」或「尋找真愛」）。一夜情的族群人數眾多，所以你必須開宗明義說清楚。要成為這齣戲的導演，而不是戲子。如果你現在只有興趣約炮，也記得講清楚。對每個人而言，最重要的是誠實和安全。

### 尋找感情的人

第三種人在尋找長期伴侶。如果就是你，那你也必須像尋求認可和一夜情的人一樣，搞清楚自己的目標，篩選你的對象。也許你的目的不只一個，甚至對這些都抱持開放心態，例如，這可能要看你目前的狀態。也許「一輩子的老婆」是你最終目標，但現在來說，「愛就趁現在」也能滿足……那有人問「你在這裡的目的是什麼？」時，其實你可以這樣回答：「我想跟你見面，我們可以從那裡開始……」或甚至「見新的人總是很有趣，誰知道？你永遠不知道未來的發展。」

# 像《鑽石求千金》一樣約會

滑左滑右？誰過關，誰出局？選擇一多，很容易挑三揀四。你看著每個自介，心裡想著：「我們合得來嗎？」、「要是這男的是混蛋怎麼辦？」、「我真的覺得她正嗎？」

問題是：如果把門檻設到最高，光是決定要滑掉或傳訊，你就要衡量評估好久，心力會全虛耗掉。你可能要花一輩子才能選到對的人，換言之，你還在打包行李的時候，戀愛特快車早就離站了。何況，你會錯過中途的驚喜，說不定會意外遇到有趣的朋友。所以好好約出去見面吧！這是場數量遊戲。想賣車嗎？大多數人都只是看看，沒要買，但愈多人來看，愈多人會買；約會也一樣。你在現實生活和某人見面之前，有許多條件必須滿足。當然，你必須喜歡他們，但他們喜歡你也很重要，對吧？

也許你才剛單身，你還不知道自己喜歡什麼樣的人。我們每個人都不一樣，有不同的品味。（幸好如此，對吧？）約會之旅讓我學到最重要的是了解自己，懂得對自己來說，最重要的是什麼。我喜歡什麼樣的約會？我從一開始懵懵懂懂，變成了解自己喜歡和什麼樣的人相處。同時和多人約會有個優勢，你不會感覺很缺對象。雞蛋沒放在同一個籃子裡時，你心態會放鬆，而且會表現在肢體上。你的肩膀會更放鬆，姿態更端正，你約會時會散發自信，閃閃發光。不過我們釐清一點：我不是在建議你大搖大擺，趾高氣昂，或跟對象玩起嫉妒遊戲。但和多人約會能增加自信心，也能讓我們更堅定，所以為何不好好利用這項優勢？你的內在會透過身體姿態散發光芒，吸引他人目光。

我們假設你開始和人見面。第一次約會很順利。第二次也是！約會一次接著一次，這代表你們在一起了嗎？你獨占這個人了嗎？不。不，這不代表你們在一起。正式交往要公開表示，並由你們兩人同意。如果這件事還沒說清楚，那你們兩人可以（或許正在）和

其他人約會。我們必須認識彼此多一點，才能建立獨占關係，事實就是如此。如果你嫉妒約會對象在見其他人，要有耐心，忽略那種感覺。不要讓負面情緒影響自己的態度和判斷，當然更不要破壞一切。這仍是早期階段，你們還沒有建立獨占關係。

所以搞清楚自己想要、需要和在尋找什麼。這樣你便能審視約會對象。也許有人適合蜻蜓點水。也許另一個人像個好對象，而你們有段美好的約會。如果你在尋找潛在伴侶，但對方只是在縱情享受人生，無論你們多合得來，你們都不適合。硬幣兩邊都必須符合：你們的目標要一致，你們的個性要相容。

如果對方不如所想（就算只是一開始），請不要浪費心思覺得自己能用魔杖化腐朽為神奇。你要求愈多，愈少人選符合。但所有人都在世界上，你可能只是需要時間去找到他們。不要把雞蛋放在同一個籃子裡。繼續滑、傳訊、約見面。假裝自己是在《鑽石求千金》（*The Bachelor*）的節目。有的對象見光死。有的會變成好朋友。但少數人，你們會一拍即合。許多人選可能進不了季後賽，所以你可能要稍微增加數量。把這想成多階段的關卡，不需入場費。你要找到深層價值和親密度上和你契合的人，一直約會是最好的辦法。

所有心懷希望的浪漫人士，抬起胸膛吧！

即使是清澈的藍天，也可能遇到愛的閃電劈下！

# ♥ 脫穎而出

　　約會要得要領，有兩個訣竅。首先，你必須給對方好的第一印象，脫穎而出。接著，你必須學習如何觀察對象。

　　在這章中，我會解釋第一印象從何而來，我們為何要經營，以及背後的過程。

　　你也會學到，為何閱讀人群在人類關係中扮演至關重要的角色。畢竟這是人類運作的方式，影響著所有人。

## 友善還不夠

　　身為勵志演說家，我經常討論我們不經意問彼此的問題。我們如何看清彼此的個性？

　　在一段關係中，有效表達自己就像一塊肥沃的土地，能讓萬物生長。如果我們做不到，藤蔓上的果實會萎縮凋零。我喜歡用一句話說明：友善還不夠。別誤會，友善是個非常良好的基礎，但更尖銳的問題是：你要如何向你生活的世界表現你的友善？你和對象見面時，一定要投射出正確的印象，不然就像單手綁在背後站上舞

池。別讓不好的第一印象害了你，讓好的第一印象成為你成功的關鍵。難過的是，**別人不會依據真實的樣貌來評斷我們，而會依據他們對我們的印象。**

關鍵的那一刻過了之後，事情通常會變得可預期。首先，第一印象真的會在一瞬間產生。第一印象構成之後，要扭轉就像……有看過別人試圖修理車門凹痕嗎？另一個原因是，我們一般會對彼此抱有懷疑的態度，這就是所謂**煙霧感應器原則**（smoke detector principle）。和新的人見面，我們會處於「警覺狀態」，任何不對勁都會產生懷疑。我們通常比較快觀察到他人的負面特質，這是人類進化過程衍生出的生存法則。這代表著我們勢必要取得對方信任，才能得到「認可」，從他們第一眼看到你的自介、第一次傳訊和第一次約會，考驗就已開始……好好在陪審團面前表現吧，各位。

第一印象建立之後，我們接下來要提供符合印象的各種證據。這過程叫**確認偏誤**（confirmation bias）。這是人類行為的慣性，我們會無意識尋找支持假設的資訊。白話來說，如果你覺得對方很帥，你會戴上粉紅色的鏡片看待他的一切；但如果你覺得他不帥便會興致缺缺。我們會看我們想看的，聽我們想聽的。更明確來說，我們看的和聽的會證實我們的第一印象。我們對剩下的都視而不見，聽而不聞。

你給對方好的第一印象，對方會繼續這樣看你。其實，如果你能讓第一印象很好，搞砸時通常會有挽回的餘地：「凱蒂不是故意這樣講我的，她平常人很好！」當然，也許真的只是無心之過……但凱蒂給人的第一印象一定很好。

除了確認偏誤和煙霧感應器原則，我們還需注意心理學的其他認知偏差。**暈輪效應**（halo effect，或稱**月暈效應**）也很重要，這代表外在條件會影響別人看待我們。想像參加會議穿著正式和穿著隨便造成的感受。所謂「人要衣裝，佛要金裝」，大家說服裝會影響他人對你的評價，這點無庸置疑。比起牛仔褲加球鞋，如果你穿著西裝，別人可能會覺得你看起來幹練可靠。比起在當地炸魚店用餐，訂高級餐廳也有同樣的效果。你的對象會讓你感受特有的氣氛，無論是奢侈豪華，還是舒適友好。在網路上，一張你和女神卡卡在遊艇上的合照，與一張你和行銷部門影印室的凱文・米勒的合照，兩張照片會有截然不同的效果。你可以利用暈輪效應，選擇幫自己加分的個人照片和約會地點。這一切都會反映在第一印象上。想像不同的照片：專業肖像照、城市隨手拍和在樹林健行的照片。那在骯髒浴室中，昏暗模糊的全裸自拍呢？不同照片給出不同的想像，這點不言而喻吧？你其實是在為他人描繪屬於自己個性的肖像畫。不只如此，你選擇的照片會影響你吸引的類型。你的照片會提早決定對話的本質，還有別人對你的期待。我們通常會習慣滿足他人的期待，因此把握機會，為自己創造一個正向迴圈吧！

## 溫暖又有競爭力

我們初次見面會彼此評估兩項核心的特質。

第一個是：「我能信任你嗎？你是個善良友善、饒富同情心的人嗎？你的心地好嗎？」

第二個點是：「你現在的社會地位和競爭力為何？你的能力和自信心強嗎？」

心理學上，第一個特質稱之為**溫暖特質**（cluster of warm traits）。溫暖特質和你的意圖有關：你殘酷還是好心？你是朋友還是敵人？我們的評估會影響我們的趨避行為。人類能存活下來全仰賴這機制。缺少這項直覺，我們的祖先便無法趨吉避凶，人類便會滅亡（我全心支持熱誠擁抱，親切待人，但這對熊沒什麼用）。信任感大大影響我們的行為，舉個例子：比起「信任」的臉孔，我們更能記住我們「不信任」的臉孔[8]。不信任的人會危及我們安全，所以我們會格外注意。

另一個特質是你的**能力**。（無論好事、壞事）你實現企圖的能力如何？你能賺到錢嗎？這就是關於自信、領導力、才能和能力——這就是社會地位。為何社會地位對我們來說很重要？歷史上而言，社會地位會帶來特權。階級高在各方面都有利益。你可以吃長毛象肉排，能睡在最好的毛皮堆，能取得更好的資源。即使是遠古時代，人類仍在稀樹草原生活，人口約一百五十人（對，我知道，有的部落還是如此），這些社會心理學的機制便已成形。我們總是會受權力吸引，並喜歡擁有權力的人。但你能想像自己這樣說

嗎：「我想要更多權力，謝謝。」

對⋯⋯我想你不會親口說出這句話。但我們通常會希望擁有更多權力。反過來說，沒權力感覺很不安，而影響力對我們有利，甚至能保護我們。沒有權力，你的聲音不會被聽見。你找不到夢想的工作，孩子忽略你，你感覺像活在陰影中的鬼魂。這樣一來，約會更不容易了。絕望無力的人在約會市場中沒有賣點。

雖然實際上，我們會同時評估溫暖特質和能力，但溫暖特質還是重要些。和個人力量相比，信任在存活上扮演更重要的角色。心理學實驗為此提供進一步證據：比起和能力有關的字詞（才能、才華），我們能更快分辨和溫暖特質有關的字詞（善良、友好和好心腸）[9]。意圖殘酷又不值得信任的對象比沒能力又笨拙的對象危險。

你可以透過各種傳遞訊息的方式，去展示這兩種核心特質，例如身體語言、服裝、表情和語調。這一切都從自介開始。下一章會進一步解說。

## 你怎麼看待自己？

還有另一個重要的因素會影響你給人的印象，也會影響你選擇的工作、讀的書（雖然你對書的品味顯然不錯！）、你如何照顧自己身體和對他人的態度。

我說的是你的自我形象，也就是你對自己的意見和感覺。吸引力不只關乎你選對照片，只要你努力增進自我形象和自信心，也會

增加約會時的魅力。聽著，我們都犯過錯（活得夠久的話，也許還犯錯好幾年），很容易會感到沮喪和自卑。就算是身心健康的人，在人生某個時間點，也覺得自己像個廢物，誰想跟一個廢物約會，對吧？

感覺自己像便利超商的三明治有個天大的好處：這時任何人都能進步！我不是說這很容易，但記得只有你能決定自己的價值。你向外展現的價值是你腦中自己決定的。情緒通常會呈螺旋形向下，所以要脫離會非常辛苦。但如果你將態度調整到對的方向，無論海港是否有點風浪，你便能讓船駛進港。你怎麼看待自己，會影響別人怎麼看待你。如果你表現得像你有價值，其他人也會覺得你有價值。其他人覺得你有價值，突然之間，你便能更輕鬆感到自己有價值。好好利用這正向的回饋！

# ♥ 閱讀對象

給出好印象，吸引他人是一回事，這只是硬幣其中一面。約會方程式還有另一面，學習別來者不拒，不能像買樂透一樣。如果你想避免和對你不好的人在一起，學習辨別和避開最平凡的陷阱。

在本章中，我們會加強如何閱讀對象的能力。你會學到如何看出徵兆，看對象是否有三種危險的人格，或你們的個性是否注定會衝突。

和錯的人談感情會弄得遍體鱗傷，所以閱讀對方是你必須培養的關鍵能力。買了避暑小屋才分手，絕對比約兩次會就分手來得辛苦。

## 所以誰是好人選？

有些人個性總是不合拍，其他人則像手套一樣合手。但在我們檢視你適合什麼個性的人之前，我們先檢視背後的心理。

首先，個性一輩子都一樣嗎？還是會完全反映環境，例如你的出身、你目前人生的階段或你相處的人？其實答案是……

很複雜。

有一群研究者對2748項研究進行「整合分析」[10]（意即數個研究報告分析），歷時五十年，總共找了4558903組雙胞胎。這是極大量的資料，而他們想解開的祕密是我們的個性是否和遺傳有關。結論呢？我們有大約49％的個性遺傳自父母。

我們天生有固定的特質。我們的個性會決定我們的生活。它們會影響生活的方方面面，像人生的決定、我們的幸福、我們樂觀和健康與否[11]。我們的個性包括行為、情緒、動機和思考模式。我們有人外向、愛好社交，有人則喜歡待在陰影中。有人會因為新經驗和環境感到興奮，其他人則會因新環境感到備感壓力，心生煩躁，或令人生畏。心理學中，我們會討論**五大性格特質**（the Big Five）。這是討論個性時最常採用的模組。上千研究累積下，五個廣泛的類型漸漸浮現。人人都有這五項特質，程度不一。其他特質通常會視為變化或細微差異。五大性格特質也簡稱為OCEAN：

♥ **經驗開放性**（openness to experience）：好奇、聰明、冒險、創造性、創意性和想像力。

♥ **謹慎性**（conscientiousness）：注重細節、挑剔、有效率、可靠、有組織、目標明確、計劃型、多產、自律、忠實、傳統、傾向控制衝動。

♥ **外向性**（extroversion）：外向、喜愛人群、自信、樂觀、話匣子、充滿活力、熱情、善於社交、通常是天生的領導者。

♥ **親和性**（agreeableness）：溫暖、體貼、富同情心和同理心、樂

於幫助他人、友善、可靠、大方、寬容和合群。

♥ **情緒不穩定性**（neuroticism）：在這特質得高分的人會表達許多負面價值，具有焦慮傾向、有罪惡感、緊張、情緒不穩定、憂鬱、容易激動和對壓力敏感。

　　五大性格特質包含五個基本的人類特質。但我相信我們漏掉一個特質。在約會世界和日常對話中，我有觀察到感情裡有這個特性。例如，交友軟體你通常會填入自介。你會寫下一點關於自己的事，說明你在尋找的對象。常見到有人寫自己「有主見」或「個性隨和」。這暗示他們在找相對的另一伴，「強勢」的人在找「隨和」的人，反之亦然（例外很少）。對一些人來說，這只是性愛的偏好，閨房中的特質（或也許是性愛地牢裡）。但對其他人來說，這大多是在描述個性，也是他們在「強勢／隨和」光譜上的位置。當然，既然是光譜，事情便不是非黑即白。我們全都在光譜上某一處。你不會想跟太過強勢的人談感情，他可能會利用、虐待、羞辱你或不尊重你的界線。強勢的人如果個性殘酷，那就有傷害性。所以我會在五大性格特質中加入**社會支配傾向**（social dominance orientation），讓它成為六大性格特質[12]（我也不是第一個這麼做的）。根據不同的情況，六大性格特質都有理想值，甚至強勢也一樣。如果你太強勢，你會把朋友逼走，沒人喜歡惡霸。但如果你太隨和，你會變得太脆弱，失去他人的尊重。

　　通常你可以透過自介和照片，清楚看出一個人的個性，像是他們的語氣、選擇的內容和使用的文字。如果你親自見面，線索會像

聖誕樹上的燈一樣四處閃爍，包括肢體語言、姿態、表情或手部動作的速度和意圖。例如愛記仇的人面對再小的事都會受到刺激，寬容的人則會忽略小事，過得比較開心。外向的人在社交場合都是靈魂人物。你有沒有打掃浴室，一絲不苟的人一眼就能發現，懶散的人甚至連自家水槽的碗盤都不會發現。

我想說的是：我們一定要了解個性和特質背後的心理機制。這能決定什麼樣的人適合你。有些特質會相衝，有些則能互補（強勢／隨和就是個淺顯易見的例子）。有的特質初見很迷人，後來魅力會慢慢退去。一開始請問問自己：在一段健康穩固的感情中，你適合什麼樣的人？你喜歡超級坦白、直話直說的男人嗎？專注自我提升的人？還是冒失鬼？你喜歡激勵身旁所有人的女孩？還是慢條斯理的人？或講究小細節的人？找出你的需求需要耐心。你通常跟誰在一起感覺最好？其實，你在外頭約會一陣子會慢慢搞清楚這一切。你會漸漸了解自己感覺適合什麼樣的人。

喜歡某種人的陪伴是一回事。另一個需要考量的是你的個性會如何影響你未來的生活。我們的特質會影響生活的品質和程度。例如認真的人通常會活得比別人長壽，比較不容易離婚，（平均而言）在工作場域會更成功。他們前途光明。另一方面，情緒不穩定的人通常會有較短的壽命，更容易離婚[13]。負面的個性通常會導致負面的後果，正向的特質會導致正向的結果，感情也不例外[14]。常識在這裡都適用，而氣質很重要！一般來說，你愈正向、愈有主見，（根據研究證實）你愈有機會擁有成功的關係[15]。

## 用訊息來解讀個性

　　個性會自然顯露，透過眼神交會、身體語言或在意外情況下的反應，你就有機會觀察下一個約會對象。你能在訊息中看出個性，研究證實訊息和個性息息相關[17]。傳訊時，有人很會聊，不論你有沒有問，他們都會傾吐他們的感受，但其他人則把牌藏在心裡。我們的表情符號反映了這點，有人會用五花八門的表情符號，有人甚至連個笑臉都不打。一般而言，比起不用表情的人，會用的人比較友善，富同情心，並樂於接受他人[18]。這點就像有人傾向多笑，或很喜歡比手劃腳。

　　當然有人傳訊會滔滔不絕，全力和你交談，但不少人較沉默寡

言。如果你喜歡沉默、回覆慢的人，你可以先「找個話題」再跟他們聯絡。而且你知道嗎？面對這個情況，我全力支持你硬找個理由聯絡對方。有次我和對象終於見面之後，他跟我說：「從你的訊息看得出，你真的很活潑。」這是多好的讚美！這代表他有從我的表情符號、我的「！！！」、說話的語氣及問題感受到。別忽略其中的通則：**無論是寫的或沒寫的，他人都會從訊息對我們下結論。**

訊息通常也能反映出性別。根據一份研究報告，雖然男女都覺得不禮貌，但男人更傾向用訊息向女人分手。但發生衝突時，男人反而會偏好在電話上說清楚，而女人則喜歡傳訊。性別差異是一回事，但個人的個性差異又更明顯。

以下是個人特質的例子：

♥ **外向性**：話非常多，他們的訊息會反映這點。他們不僅話多，也會用很多正向詞彙像「好玩」、「很不錯」，而且常會分享社交過程和活動。他們更常傳訊（尤其是外向的女人），用更多性暗示 [19] 和正向的表情符號 [20] 😎😉😄，常用個人代名詞（我、你、他們 [21]）讓訊息變得更私人。他們用較少負面詞彙 [22]，比較會拉長字詞：「哥～～～！！！好屌啊啊啊啊啊，你超棒～～～！！！」他們會尋找社交場合和刺激的活動，通常喜歡成為全場焦點。

♥ **開放性**：富有好奇心，充滿創意，對新事物充滿熱情 [23]。因此他們對例行公事和預期內的事沒什麼興趣。所以如果你和約會對象第一次約會，他提議做全新不尋常的活動（或其他非傳統、出乎意料之外的選擇），你就可能遇到了開放性的對象。

- ♥ **親和性**：傾向用正向情緒字詞 [24]，正向的表情符號 [25] 😊😌😊，較少負面表述或罵髒話 [26]。他們很可靠，常鼓勵支持他人，一般而言受人喜歡，心地善良。這一切都會反映在他們溫暖的訊息裡。
- ♥ **謹慎性**：注意細節，做事有條理，相當自律 [27]。如果對象的訊息總是小心翼翼，文法都正確，那對方可能很嚴謹。這類人一般來說，不習慣想到什麼傳什麼，甚至不習慣打錯字。他們喜歡事先規劃，並照計畫行事。
- ♥ **情緒不穩定性**：更常會用負面字詞 [28] 和表情符號 [29]（煩、辛苦、慘，😩😔😰）[30]，而且喜歡分享不必要的個人資訊 [31]。他們易怒、充滿敵意、容易壓力大，情緒起伏大。當然這類人格特質也會反映在訊息中。

　　我們的個性會影響我們用的字詞及打字的數量。也會影響我們多快罵人和如何利用社交媒體：分享什麼內容？我們有多少聯絡人、朋友、追蹤數（當然，外向的人比較多）[32]，以及我們選擇透露多少關於自己的事。

　　當然，評估潛在對象和機會時，能迅速解讀他人個性是很寶貴的技能，而且絕對辦得到。就像犯罪現場的DNA，我們的個性會遍布各處，不時透漏出我們的內心想法。但重點要放在對的事情上。你察覺對方對話的風格之後，記得好好運用。例如你可以**鏡射**他們的行為，不是因為你想操控或嘲弄他們，而是因為鏡射（彼此適應）是人類關係中最自然和有效的方法。我在演講中，經常強調人類已進化，能靈活應對社會情境。這就是所謂的社交能力。

## 三種要避開的類型

　　夢寐以求的對象就在外頭，他們是你的目標。不幸的是，外頭也有我們完全不該交往的危險對象。以下三種個性類型便是所謂的**黑暗三角人格**（the Dark Triad）：

♥ **自戀**（narcissism）：自視甚高、自尊心強、驕傲、缺乏同情心。這些人覺得自己高人一等，更吸引人、更聰明、更好笑（全是根據他們的說法）。他們喜歡競爭（尤其是贏），喜歡成為眾人焦點。根據奧地利裔美籍心理學家寇哈特（Heinz Kohut）表示，自戀基本上是為了遮掩自我形象的脆弱和受損[33]。
♥ **心理病態**（反社會型人格障礙，psychopathy）：衝動、自私、冷漠、冷酷、表面上具有魅力。他們通常也會尋求危險刺激的事物。
♥ **馬基維利主義**（多疑／操控態度，machiavellianism）：愛操控他人、自我中心、愛利用他人、無道德意識、冷漠。這類型最典型的就是詐騙犯，只要能獲得最高利益，他們會說任何你想聽的話。

　　這三種個性會有所交疊，界線模糊。這群人中，也有邊緣型人格和幻謊者。

　　那你怎麼知道自己碰上壞人？我雖然不想承認，但有時真的不容易。我可能要先解釋，六大性格特質和這有什麼關係。格拉斯哥卡利多尼大學研究[34]（因素分析）指出，他們發現黑暗三角人格和六大性格特質最大的差別是欠缺同情。這類人通常心地不好，也無法

同理他人，這當然也不意外。黑暗三角人格和缺少謹慎性也有關：漫不經心、不誠實、不忠實也無法控制衝動。再爆另一個可怕的料：情緒不穩定性也和黑暗三角人格有關。不幸的是，這些人會以個人魅力迷惑我們。他們第一眼會很有吸引力，誰拒絕得了天生的魅力，從容自在的自信，隨意不羈的舉止，尤其他們還一直朝你眨著動人的雙眼？如果他們在社交場合光采奪目，輕易和人相處，或看起來格外大膽，你都別訝異，這些特質會吸引我們。

但別被這些江湖騙子騙了！注意地雷，你第一次約會可能沒看到徵兆，但你遲早會發覺事有蹊蹺。你說不上來，但就是不大對勁。要相信自己的直覺！

有些人初次見面可能心地好又迷人，但後來《化身博士》（*Strange Case of Dr. Jekyll and Mr. Hyde*）的傑奇博士就變成邪惡的海德先生。遇到這種事，你多半會怪罪自己，心想：「我早該看出端倪！」或「我怎麼回事，居然沒早點發現？」但說實話，你防不勝防。有時對方確實十分完美，甚至毫無破綻。但情況有變時，你才會發覺這人另一面，對於這段感情，你必須主動做出決定。這就像在玩七張梭哈，你不知道下一張牌，但一張牌就能扭轉全局。如果你的對象突然舉止有異，你的處境已全然改變。如果英俊的王子突然展露醜陋的青蛙本性，那你當初和他約會，是否是自己的決定就再也不重要了——這不是你想要的未來。

衝動是個警訊。注意情緒劇烈擺盪。他有無緣無故口出批評，言論前後矛盾嗎？你發現一夕之間突然不了解對方了嗎？上一秒，你還是上帝送給女人的禮物，下一秒，她就嫌棄你，好像你是昨天

吃剩的早餐嗎？不值得信任也是個地雷。這男人有隱瞞實話嗎？他有違背承諾嗎？如果你看到不只一次這類跡象，沒錯，那肯定是地雷。

　　生活中遇到黑暗三角人格的對象，通常都甩不開不確定感、焦慮和疑惑。你很快會覺得心情很糟，卻經常納悶自己究竟出了什麼問題。你會喪失方向，失去自我。我朋友和一個男生約會，結果對方是逃避責任的專家。同時，他特別會讓女生覺得自己要求太多，很愛找麻煩。如果她說該換他洗碗了，他會回答：「喔，所以你是那種講求公平，一絲一毫都要計較的那種女人？」他會讓她覺得很有壓力，彷彿她才是「製造麻煩」的人，但事實完全相反。這些人通常會用操控的方法，像是**煤氣燈操縱**（出自1944年的電影《煤氣燈下》〔*Gaslight*〕），黑暗三角人格會藉此讓對方懷疑自己相信的現實是否屬實，包括記憶、觀察和意見。

　　有的危險人格可以事先察覺並避開，這就是為什麼初期約會最好都在公共場所，而不要在自家。這也是為何早期約會時你一定要小心，別在過程透露太多個人資訊。安全措施是要除去不安，所以事先計劃好，並讓自己放鬆，專心閱讀新對象。「一個巴掌拍不響」這句話無法解釋許多情況。遇到黑暗三角人格的人時，絕對無法以此解釋。他們會這樣不是你的錯，你也不該去「拯救」他們。遇到這種情況就該逃跑，不該戰鬥，可別覺得自己能坐下來，把事情好好解決。那樣無非是玩火自焚。

# ♥ 用對照片，吸引目光

　　那天我和朋友在討論約會自介的事。我們聊到了照片。他拿出手機，打開交友軟體，給我看他放的照片。他頭兩張照片看起來滿不賴的。第三張照片，他坐在傳統仲夏宴會上彈吉他。

　　「許多人會聊到這張照片。他們喜歡這張。」他聽起來還算滿意。

　　「你覺得為什麼？」

　　「感覺這張照片講了關於更多關於我個性的事。比其他照片有更多看不到的面向。」

## 你的彈吉他照片在哪？

　　所以為何他彈吉他的照片給出正向的訊息？為何有的照片能激起眾人想像，其他則還好？

　　首先，我們先來談**暈輪效應**（我們之前有提到）。根據這現象，照片的品質會反映我們個性。照片中環境的細節和動作會影響他人對你的看法。我起初只放三張照片，後來有一陣子加到六、七

張。我花了點時間才找到正確的照片。我想吸引「認真」的對象，起初我都放工作場合的照片，穿著十分正式。後來我放幾張戶外照，加上一點正確的氣氛。結果顯示，我的策略十分成功。

在交友軟體上，你一般會看到各式各樣的照片，像在大自然、健身房、工作場所、萬聖節派對、浴室和度假照。有的人穿著光鮮亮麗，有的人則忘了打扮。有的是都市生活，有的是田園風光。在北方約會，我看過許多滑雪車、馴鹿和雪地風景。我們的照片自然反映了我們的生活。我們希望別人知道我們是誰，看看我們每天真實的生活。

這就是本章要回答的問題：你想用照片講述什麼故事？哪張照片能好好表達？要吸引別人，脫穎而出，照片是最重要的工具。

所以好好利用照片。說真的，現在就把手機拿出來，讓我們來看看……

## 你的照片說了什麼關於你的事？

第一印象形成的速度快，又難以扭轉。如我之前所說，不論身在何方，我們會根據**是否值得信任**、**溫暖**和**能力**三項特質來快速建構第一印象。這就是我們在努力的「空間」，你在選照片時必須意識到這幾點。例如如果你想展現自信，照片的重點就放在自信。想展現溫暖？那就選擇會散發溫暖的照片。要怎麼做，我待會會給你一些小訣竅。

以下是幾個好玩的例子，告訴你照片會如何影響解讀：你有沒有聽過**喝酒傻瓜偏見**（imbibing idiot bias）？這是在說無論有無意識，我們都會覺得喝酒的人比較不聰明。換言之，如果你放一張拿著啤酒或紅酒的自拍照，你會變得看起來不靈光。甚至光是暗示自己會喝酒就有影響！這是喜是憂呢？不重要，重點是：細節很重要。

---

### 我們最想見到的三種照片

- 肖像照：我們的腦袋尤其會注意人臉。你的臉能表達許多你的特質：情緒狀態、性別和年齡等。
- 全身照：大家需要看到商品全貌。最好是全身，或至少要半身照。如果不讓對方知道，他們會直接跳過你。
- 活動：羽球、街舞、組裝IKEA的書架、在卡拉OK唱歌、火車模型、對五千個森林消防員演講，我們想看到你做事情。你的工作是什麼？你一整天在幹嘛？告訴我們吧，拜託！

---

## 好看有效

社交名流知道在紅毯上要擺什麼樣子。哪個攝影角度會讓他們發光，哪個光能突顯顴骨。他們知道哪個背景合適，哪件衣服述說

什麼，在其他人眼中，睡覺都能讓他們頭髮更美。他們知道如何發出光采、發揮潛能。在拍雜誌肖像照時，媒體記者曾告訴我，女人很少想從下面拍照。男人反而不喜歡從上面拍照。女人的下巴不像男人突出（只要看任何迪士尼電影就知道），我們通常會不自覺採用突顯性別身分的策略。從上方自拍能減少下半臉的畫面。女人有時也會用高髮型強調女性臉部特質。男人通常不會有高髮型，這會削弱男人的魅力。

「情人眼裡出西施。」

「不要以貌取人。」

我猜你聽過這類的話。希臘人有不同的說法：「美的就是好的。」[35]根據他們的概念，外在美和內在美互相關連。不幸的是，刻板印象似乎在世上根深蒂固。

為了把自己賣出去，我們化妝、穿上漂亮衣服、修剪鬍子、染頭髮、花超久時間調整相機角度。這份努力不會白費，看起來有魅力確實有優勢。我們不是超級名模，但我們都能拿出自己最好的樣子。保持健康，打扮乾淨能見人，選擇自己要散發哪種訊息。記得具吸引力的人不見得一定快樂，但快樂、善良的人有種特殊的吸引力。所以別讓別人破壞自己正向的態度！

想要有成果，在外表和個性上，一定要呈現出最好的自己。選照片和約會時別忘了這點。研究指出：你樣子好看，大家會更欣賞你的工作。有魅力的人會更成功，賺更多錢，更容易受雇[36]。他們約會更容易成功，大家會覺得跟他們出去玩很開心。我們會覺得他們溫暖、強大、更懂得社交、更受歡迎、更有主見、心理更健康、也

更聰明[37]。還不只如此。有魅力的人也會讓人覺得更有領導力、更果決[38]。犯人之中，有魅力的人較少受舉報，判刑也比較輕。他們更容易說服、辯贏我們，而我們為了得到他們認可，也會讓步討好他們。

好處數也數不盡。他們占盡優勢。所以我們努力變好看也不奇怪，付出一定有所回報。心理學稱此現象為**美而熟悉效應**（beautiful-is-familiar effect）。就算我們之前沒見過他們，美麗的人仍會讓人感到熟悉[39]。我們會喜歡熟悉的人事物[40]。研究者形容，有魅力的人多半會有種光暈[41]。有魅力的人就算約會一陣子，他們的魅力不會減少，反而會影響長期的關係[42]。如果你覺得伴侶很美，你的決心、熱情、親密感和滿足感都會增加[43]。以免你在打瞌睡沒看到，我剛才前提是說：**如果你覺得伴侶很美**。所以意思是，在你的眼中，也就是所謂情人眼中。

我的重點是：你照片愈好看，你愈有機會在半夜和人傳訊。你一旦開始傳訊，你就能用友善的言談舉止吸引對方，將腳卡進門。


## 快樂、放鬆並自然自在！

你的照片會在一開始決定對方想不想關注你。你照片中的一切，包括肢體語言、表情、衣著和背景等，都在述說著你和你的個性[44]。讓我們翻到下頁來看看：

♥ **身體**：善用空間，用大一點的姿勢，像插腰、伸直手或站寬一點。大的姿勢能表達力量、影響力和主見，但也能表達溫暖和感染力，端看你的動作和表情如何配合。雙臂交叉代表影響力。姿態不好會讓人覺得被動。手張開能表達溫暖和親切。

♥ **臉**：笑容能讓我們看起來更善良和聰明。淡淡的笑容會散發權力。看著相機鏡頭很重要，根據研究，正視鏡頭，他人更能記得我們。

♥ **頭**：歪頭代表服從。頭擺正表達著競爭力。頭向後仰暗示著自大，垂頭避開目光會讓你看來害羞或逃避。

♥ **身體傾斜**：身體一般會傾向你喜歡的事物，並遠離你不喜歡的事物。無論在照片中或現實生活，這動作都會影響別人對你的印象。向後靠代表放鬆，但也很冷漠。向前靠代表你有興趣。

♥ **頭髮**：短髮讓人看起來權力在握。長髮放下看起來比較休閒，較不帶商業感，多數人通常會覺得更有魅力。

♥ **妝**：在任何歲數，妝都會讓我們更有吸引力。我們會看起來更聰明和友善，散發魅力，並且更健康（相對於保持自然）。大家甚至會覺得我們在工作上較有地位。除此之外，妝能讓人感覺更好，增強自我的身體意象和自信。

♥ **眼鏡**：眼鏡會讓人看起來更聰明可靠，像個努力的工作者。戴眼鏡還有其他刻板印象：我們會比較內向，比較不擅於運動，也不幽默，甚至不具有魅力。但也有證據反駁。有的研究指出，眼鏡能讓人看起來更性感，更具吸引力[45]。除此之外，所謂一加一大於二，你如何讓眼鏡、頭髮和衣服搭配，都能營造出不同形象。

♥ **墨鏡**：墨鏡會遮住雙眼，我們看起來會同時不具權威性，又較不

真誠。照片最好能向大家展現出「靈魂之窗」。

- ♥ **鬍子**：面部毛髮會讓人感覺更有自信，且充滿雄性氣息，更有侵略性和成熟感。這一樣是整體的問題。鬍子搭配了什麼？光潔的西裝？阿拉伯長袍？一頭俐落的頭髮？還是大光頭？總之有點鬍茬會增加男性的魅力。

- ♥ **衣服**：比起休閒服，正式的服裝讓我們看起來更聰明、更具權威、更值得信任。但與此同時，我們會看起來不大有趣。訂做西裝象徵著自信、成功和高收入。個人而言，我曾放上不同的穿衣風格做過實驗。我有的服裝很隨意，有的具專業感。依照我的經驗，你的照片可以多放不同的面貌，展現各方面的個性、興趣和愛好。

- ♥ **顏色**：深色感覺更有權威。紅色是顯眼的顏色，看起來同時具刺激性又強烈。我們通常會穿黑色、灰色和淺褐色，所以選較鮮明的顏色較能脫穎而出，尤其可以穿些特別的服裝。

- ♥ **裸體**：你打扮愈裸露，愈容易被物化。個人遭受物化時，會變得比較沒有競爭力，也會缺乏個性。傳遞的訊息是你想分享肉體，而非心靈。

- ♥ **環境**：由於暈輪效應，甚至連背景都會影響別人的看法。如果你放上一張在浴室的照片，大家會對你留下特定印象。不論你去跳傘、釣魚或在美式餐廳玩多米諾骨牌，都會留下不同的印象，對吧？

## 必須避免的照片

- 模糊、迷濛、失焦的照片（避免放上不清楚的照片）
- 烏漆墨黑的照片（若是晴朗的照片，他人對你的印象會有巨大的差別）
- 太花的背景
- 舊照片（這會適得其反。放上新的你吧）
- 浴室照
- 目光避開鏡頭（至少要有幾張照片正對鏡頭）
- 裸露的照片（好，我們說清楚：這要看你的目標為何。如果你只是追求一夜情，那放辣照就沒問題）
- 發脾氣的照片（別看起來像個雷）
- 一臉高傲
- 面無表情
- 你想和哪種性別約會，就別放上與該性別朋友的合照
- 別放合照，絕對不要（我滑你大概只有兩秒鐘，你到底是哪個？除非你很明顯，那這可能會表示你很受歡迎，擁有良好的社交關係）
- 遮臉照
- 嘟嘴照
- 刺青特寫（只有刺青的話不要）
- 你的車照
- 香菸照
- 酒瓶照
- 不露臉的身體照

## 脫穎而出？

簡而言之，充滿吸引力的照片能讓你有許多優勢。專業肖像照會留下某種印象，自然的照片則留下另一種，不同的餌會釣起不同的魚。美麗、刺激甚至異國的環境，配上時髦的服裝，再加上容光煥發的自己，能大大增加約會的機會。

我們聊了不少該如何脫穎而出的辦法，但我還想告訴你一件事。不論是藝術家、演說家、業務或作家，各領域的領導者都擁有相同的特質。他們擁有企圖心、意志力和堅定的職業道德，心無旁騖鎖定目標，這些便是成功的要素。但不管是否故意，他們都還有個共通點——他們一定會特別做一件事，讓他們看起來與眾不同，格外顯眼。例如他們會選擇特殊的風格，或用「跳色」搭配的領帶或項鍊來抓住目光。你第一次嘗試新衣服時，不用穿得像王子一樣，但在照片中加入出彩的細節，通常較有優勢。這個道理來自基礎心理學，我們其實和動物有相同的特性。例如領頭的獅子有較大的獅鬃，尾毛也較長[46]。領頭的獅子引領潮流，時髦而前衛。他們敢與眾不同，展現自己。

你的照片在約會遊戲中扮演舉足輕重的角色[47]。比訊息更重要。

所以，你打算如何脫穎而出呢？

# ♥ 你的自介：關於你，簡單明白

尋找：美好的人😎🔥

我的正向特質：個性陽光、討喜可愛、喜歡冒險、追尋自由🏇

我的個人特色：我不常喝酒，但可以跳好幾個小時的舞，我有組個死金團，生活目標明確，求知若渴，腦袋天馬行空🤤，喜歡桑拿和游泳（戶外最好）

一般資訊：我有駕照和汽車，住在斯德哥爾摩

我喜歡：有同情心、善良的人，並要有幽默感🖤

　或是：

🦝🐼🐼➕🎣🏇🍳⛷我喜歡謙和、有同理心和好笑的人😚

會做菜的人加分！

❌ONS（一夜情）

IG：@angelaahola

或是：

> 尋找無拘無束的人：善良、好笑、熱情、有企圖心和魅力。會
> 下廚的人加分😋我喜歡跳舞，學習知識，熱愛自由🇫🇮接受長
> 期關係😘

　　這是我在交友軟體上會換的三種自介。換言之，這是我展現自
己的方式。這三種自介加上我的七張照片便是你在交友軟體上唯一
看得到的，也構築了我的形象。你也能應用這概念。你必須將自己
的資訊濃縮成簡短的文字，放上一組照片吸引大家好奇心。如果你
想約會，自介一片空白會很慘。

　　這一章，我們會解說如何在自介中展現自己。

## 終極自介文

　　我們先從自介本身開始說起。有項深入的研究指出，36％的帳
號完全沒有自介[48]。而多數有寫自介的人字數都不到一百字。如果你
剛好是留白的人，請注意：**有寫自介的人配對效果絕對更好，尤其
目標對象是女性時**。無自介的男性帳號平均能配對16個對象；而寫
上自介之後，配對數上升4倍來到69個對象。換言之，自介能讓你更
具吸引力。

所以我們該寫什麼？

我知道這有多難。但是時候敲打鍵盤，寫些自己的事，讓人提起興趣了。你必須將自己推銷出去，又要避免自吹自擂。

那該怎麼寫呢？

為了解釋「自介文謎題」，想像你第一次上課。大家有一分鐘時間介紹自己。你會怎麼介紹自己？你想強調自己什麼特質？不論是IG、臉書或交友軟體，我們經常在數位空間展現自己。你有不少熟練的方式能塑造自己。這不只是簡單、表面的展現。這代表我們怎麼看待自己，以及我們和漫步在地球上數十億人有何不同。茫茫人海中，我們會產生矛盾，陷入兩難。一方面，我們是「群居」動物：我們喜歡和人一樣，喜歡穿得像朋友和同事一致，並擁有相同的意見和興趣。融入群體會因為志同道合，帶來舒適感，我們的社交習性上千年來都幫助著我們生存。心理學現象**鏡射**便由此而來。我們和彼此說話時，我們會模仿彼此的肢體動作，包括姿勢、手勢、表情、說話方式，甚至是方言。這直覺的行為來自我們腦中高度自動的細胞，它稱為鏡像神經元，這點我們待會再解釋。但另一個社交衝動會和「團結一致」的欲望相斥，那就是人人都必須感覺自己獨特。這兩股無形的力量同時將我們推向兩端（需要順應，也需要偏離），在模仿和差別之間拉扯。

社群媒體和約會網站給我們一個大好機會，讓我們親自創造別人對我們的印象。我們可以仔細選擇自己想分享的生活，引導他人對我們的觀感。這可能是寫自介變困難的原因。哪些要素能讓一篇好的自介引人注目？

首先，有效的自介其實各式各樣。你的重點同樣必須知道自己的目標為何。一般而言，你愈清楚寫出自己的需求，你會省愈多時間（就不必費時間等著回答你自介寫過的問題）。

　　自介最重要的功能是讓人選你。這些文字是前導片，或像電影預告和魚餌。如果他們想看整部片，他們必須買票入場，所以我們要為你下一部票房鉅作設計策略。就我的經驗，幽默永遠都有效。幽默會逗得我大笑，也讓我更有好感！我欣賞的另一個方式是同時真誠又成熟。第三種自介會降低配對機率，所以必須避免，我們待會也會講幾個例子。

　　準備好了嗎？下頁起就是三種自介的例子。你看完之後，想一想哪一種最能反映你的個性。你的夢想對象在數位宇宙滑手機時，別不小心讓自介留白。也不要隨便寫一寫就算了。自介經常能讓你扭轉情勢。讓自己盤子多一顆肉丸！

## 溫暖真誠的自介

**馬丁 38**

你在找一個認真的男人，上進又真誠，但眼中仍保有熱情的光芒嗎？也許你想遇到一個成熟、全心投入生活的對象？並且不害怕表達自己的想法和感受？

許多人告訴我，我十分體貼、有魅力，而且尊重他人，也是個很好的聆聽者。如果這些特質吸引你，就向右滑吧。

我在尋找什麼樣的女人？我沒有要求。但我只知道，我會受目標明確、喜歡跳舞的女人吸引（我以前是專業舞者，現在的工作是舞蹈競賽的裁判）。

**丹尼爾 54**

充滿創意平靜的北方人，定居於利丁厄市。我的工作是木匠，也有養狗狗。

我喜歡大自然、煮飯、健身和製作東西。

我享受順勢而為的生活，以及親密關係。

**佛瑞德 19**

斯德哥爾摩體育與運動大學

瑞典芬蘭族：體面、快樂、活潑開朗，是未來的高中老師，並有許多不同的技能。我喜歡幽默、真誠、好相處的人。

我十分樂觀，覺得半杯水是半滿，我喜歡和我一樣面對人生積極正向的人！

你在照片中能發現，我擅於閱讀（和睡覺）、煮飯、採香菇、組裝兩件式桌子和玩手球。而且都會穿著我最愛的睡褲。我腳踏實地，而腦袋在空中飄。這可不是比喻，畢竟我身高195。

## 好笑的自介

**瑞奇 22**

我有變帥的潛力，我媽說的。

**派翠克 25**

我是個頭腦簡單，酗酒不嚴重的斯德哥爾摩汽車維修員。

**麥可 29**

保全主管

我想來試試這個軟體。Grindr都只有男生。

我的夢想是去墨西哥組個樂團叫「墨世代」。

我目前沒空，因為我在躲我的理髮師。他威脅要剪我的頭髮。

如果你吃苦當吃補，請向左滑。你吃飯呱嘴巴的話沒關係喔。

---

**馬丁 47**

顧問

優點：成為我唯一的配對，你會得到我百分之百的注意力。

缺點：拿不到高櫃子上的東西。

---

**安娜 39**

警察

你有沒有說過「幹，警察」？好啦，你的機會來了。

---

**卡雅 29**

呼吸治療學生

可愛到讓你無法呼吸，聰明到讓你恢復呼吸。

**托布** 59

不吃苦學派

我很搞笑。

我想跟你講個機車的笑話，但我很機車……

——為什麼飛機不會撞到星星？

——因為星星會閃。

盲人都喜歡拿起斧頭比劃說：「我試看看。」


**亞曼達** 41

前男友都給亞曼達五顆星！

傑夫評論：「我結婚了，離我遠一點。」

凱文評論：「我才不要幫你寫Tinder評價，你開玩笑嗎？」


**賽門** 45

計畫建築師

超讚 / 好笑 / 虛有其表

190

**布莉塔妮 19**

模特兒

我是維多利亞的祕密模特兒，只是我祕密到連維多利亞都不知道。

**馬克 31**

卡羅琳斯卡學院醫院的醫學博士

•對超過三十歲的女生：

我是心臟病專家，尋找共組家庭的對象。

•對還未三十歲的女生：

我老二很大，有養拉布拉多小狗狗。

**亞曼達 42**

護士

已婚。六個孩子，尋找一個能趁我丈夫不在時溜進臥室的人。開玩笑的。我只是在找人夏天一起去我堂弟的婚禮，以免家人一直問。

**艾瑞克 25**

收垃圾的

我二十五歲，單身一陣子了，覺得無聊。我在索倫蒂納市有三房公寓，所以有很多空房！

**芮金娜 36**

工程師

我可愛嗎？沒有。

我有很好的個性嗎？也沒有。

**瑞貝卡 24**

企業家

我們想像一下：我們見了面，然後一起度過一段快樂的時光，約會一年後，我們結婚，生下兩個小孩，結果接下來的八年，我們一路爭吵。然後兩人都開始買醉，最後離了婚，孩子都很難過。

喔，對了，我只是需要一個參加姊姊婚禮的伴。

## 酷自介

**克里斯 19**

大老闆

想坐我的保時捷就向右滑。

**艾蜜莉 20**

足球員和藝術家

我很會按摩。

**威瑪 21**

DJ

說真的,放鬆一點,為什麼大家都他X的要這麼緊繃?

**席德 36**

企劃執行長

我再給你一次機會。

經驗豐富的男人該看都看過了,

很難引起我注意。

**托比 23**

唷咿、波咿、麥克風咿，你好唷？

**安東 20**

學生

198。所以我有很多帽T給你偷。

**艾琳 20**

業務

我全時工作，所以不能一直傳訊和見面。

**亞卓安 20**

哈哈跟我約會，為人生開啟冒險

**費德里克 27**

業務

除了我很高之外，沒什麼好跟你說的。

約翰 20

住在健身房

費立克斯 18

一、二、還是三杯酒？

## 敘述要骨感

你的自介不該是你個人的完整描述。唯一的目的是挑起一點興趣，吸引一點好奇心。應該要全力瞄準你的觀眾──你想和什麼樣的對象見面？

## 三種自介的方式

- 好笑：大家的開心果
- 成熟／溫暖：對年紀在二十五歲以上的人可能多半才有用。
- 酷：不確定要怎麼宣傳自己，這種人通常會依靠照片來「施力」。

## 語言決定你的落點

在我們討論要如何寫自介之前，容我再次強調照片的重要性。如果你在茫茫臉海中無法吸引人目光，自介便一點都不重要。別期待用一篇能得普立茲獎的自介來彌補爛照。他們第一眼看到的是照片，人類是視覺動物，照片的衝擊永遠最強。如果你窮於應付，那先換上時髦的照片，自介暫時別管了。

語言會影響其他人如何看待我們，自介用的文字也一樣。根據研究，具衝擊力的文字像「美好」、「驚人」和「太棒了」會比中性的詞語更能留下好印象[49]。有項研究指出，比起較不樂觀和外向的對象，受試者有75％的機率中會選擇擁有較多正向詞語的對象。裝酷和低調不一定奏效。

多說正向的好話會讓個性顯得更正向。**暈輪效應**之下，你的用詞會直接影響你的印象。罵髒話一般會讓人對你個性產生負面觀感（當然視情況而定，有時罵髒話也沒關係）。

總之，約會盡量不要罵髒話。

有些關鍵詞，我們可以偷偷加到自介裡，藉此勾住「閱讀大眾」的心。想像大家會想尋找和需要的特質。根據你的目標對象來使用不同的詞彙。例如如果我們想寫一篇散發成熟感的自介，就可以用：溫暖、尊重、聆聽、活潑、堅持、幽默、合群、誠實、會做菜、懷抱夢想等等。好笑的自介也有關鍵詞，像是善用自嘲，放更多標點和表情符號。酷的自介可以暗示你有錢、名聲和地位，也可以善用極簡的訊息像：「我有許多帽T給你偷。」

根據你的目標，聰明選擇自己的文字。

## 優良自介

- 幽默
- 正向字詞和正向的敘述
- 保持真實
- 精準的關鍵詞
- 簡單扼要,並讓人看得懂


## 以下可說是「監介」

- 負面字詞
- 負面氣氛:「對你沒興趣」、「如果你……向左滑吧」、「我討厭……」
- 長篇大論:長篇大論代表你想省略約會過程,或你分享太多了。在舞池露個腳踝就好,別光著屁股走進大賣場。
- 死板條列自己的個性、生活和目標。這裡是要和人調情,不是在申請學生貸款。
- 說你「不屑」用交友軟體,或朋友逼的。
- 風滾草:空白的自介。說真的,講一個好笑的事吧。就一件好笑的事就好。聊勝於無,別浪費機會。

## 用音樂來吸引對方

你有注意到自己對音樂的品味會影響其他人的觀感嗎？這也經過研究，如果你讓其他人聽你最喜歡的十首歌，他們能對你的個性有非常精準的評價[50]。

交友軟體介面通常會讓你加入一首「主題曲」。別亂選，你已經在反映自己的個性了。

音樂品味相同會影響你和對象的關係嗎？當然會！我們發現喜歡同樣的音樂時，兩人相處會更融洽，關係也更緊密。如果我們最後交往，對音樂的喜好會讓情感更滿足，並深化親密感[51]。有一樣的音樂品味不只會增進情侶滿足感，甚至連大學室友之間相處都會更滿意，提高同居的意願。如果不能聽一樣的音樂，別住在一起。

如果你不想害別人搞不懂，語言和非語言傳達的訊息必須一致。交友軟體的自介也一樣。你的自介和照片必須講述同樣的語言，你要引導對方的期待。例如尋找「認真關係」？那就不要放上在里約海灘的度假照片或挑逗照。但如果今晚你想膚淺一點、物化一點，那些照片可能就派得上用場。

選擇對的信號，就會得到對的回應。

# ♥ 挑起興趣：要好笑？還是要有深度？

　　你全都搞定了。你的照片光彩奪目，自介不但替自己蒙上神祕面紗，也表現出自己是個潛在對象。關鍵的M時刻來臨……這裡的M就是配對（Match）！恭喜！也許是第一次，也許不是，但絕對不是最後一個（大家會像初吻一樣，記得自己第一個配對嗎？）我們好好把握這個機會！

　　要寫什麼、要寫什麼……這章全在解說如何聊天。牌打得好的話，你能讓幾隻狗狗搖起尾巴。搞砸的話，想見面就要等到下一次配對了。

　　我們來討論你和潛在對象的聊天過程。單單說「你好啊！」離成功還很遠。你已經讓他們起了好奇心，現在迷住他們吧。

## 誰破冰？

　　你的照片留下了印象，自介也有效果，現在配對成功。該讓自己的個性進一步閃耀，直接一對一表現自己的魅力，好笑有趣，知書達禮，獨特又熱情。

在我們談到那之前：誰先開始？別期待我給你答案——這端看你多積極，並想如何促成第一次約會。許多人認為，後來配對到的人應該先傳訊息，但無論誰先誰後，總要有人先開始，所以今天假設是你好了。

你可以考慮不同的方式，好，這是我的個人意見：我覺得GIFs動圖超棒！（GIFs是圖像互換格式的縮寫，1987年由史蒂夫・威爾海特〔Steve Wilhite〕開發，它簡短，通常是無聲的短影片，像一張活生生的明星片）[52]。雖然不是所有軟體都支援，但有的話，我一定會用。第一次互動用動圖非常好，它能製造輕鬆氣氛，稍微調情，或搞笑（這絕對是好的開始）。有時我也會收到別人回傳動圖，「動圖交流」很好玩！動圖能清楚表達我們的肢體動作和面部表情，所以它是非語言溝通很有效的方式。我覺得這就是許多人喜歡動圖的原因。

另一個簡單的破冰法是說：「嗨！你今天過得好嗎？」

## 要好笑，還是要有深度？

你在找性愛還是感情？你想找有想法的人，一起分享生活哲學，還只是想暫時說說笑笑？你的目標是行動指南，你的燈塔。第一個訊息會為接下來的對話搭好舞台。如果你能寫得獨特有趣，並能開啟話題，事情會輕鬆許多。這裡並不建議你說「唷呼！」或「約嗎？」其實，最好避免「是或不是」的問題，因為那些問題無法開

啟對話。用你從對象自介和照片得到的資訊，寫出個人且明確的開場詞──為對方量身打造。這代表你有留意到對方，而且有興趣。只要感覺受到認真對待，對方更可能會產生興趣，或至少會想回覆。

對於那些只是想萍水相逢的人，交友軟體一開始的重點就是效率，所以聊天通常都很短淺，目標要放在快速見面。例如「你好帥／美！」、「想出來嗎？」和「我們見個面吧」這類簡單的訊息都很常見。就算是想約炮，也必須「說同樣的語言」。地點也是重點，一般來說在當地酒館喝杯啤酒，在附近海灘散步，或約在家裡都很常見。如果兩人都沒意見，晚上最後就是停在其中一人家的樓梯口，接著便一起看個電影或過夜…… 如果你今晚想使壞，就讓對方知道。不想今晚「搞定」？明說吧。如果你想在約對方上樓喝杯茶前，先在公共場所見面，那也可以事先告訴他們這點。

常見的問題是：「那你想做什麼？」這就是你的機會，直截了當，不要害羞。清楚說出自己的意圖能幫助你得到想要的，除此之外，也會讓你得到尊重。你會失去幾個對象，但老實說，這是好事。用照片挑逗對方應該是雙向，所以最好早點弄清楚，不要後悔莫及。

選個能放鬆的環境，一起相處一段時光通常不會有問題。如果你們沒有化學反應，轉頭就能各走各的。如果你們一拍即合，也能下次約同個地點。我朋友有個小訣竅：「我有一個事先準備好的散步路線。如果我覺得雙方有連結，我就會延長路線，這樣能聊更久。而且你知道嗎？那條路剛好會經過我公寓，那時我就問：『想上來聊一下嗎？』」

當然，方法千變萬化，端看你住在城市還是鄉村。年齡也是一大關鍵。有個鄉村朋友覺得這招有用：「今天是塔可星期二，我請你吃晚餐怎麼樣？」他通常也會提供接送。

另一個朋友搬到鄉村，但他自介寫自己的是道地的斯德哥爾摩人，讓他脫穎而出，像個「住偏鄉的城市嚮導」。他給人的感覺非常融入城市，弄得好像其他人反而沒跟上潮流……「鄉村的人其實都想找個地方走走（至少週末的時候）。所以我提到我在斯德哥爾摩有公寓時……他們會有興趣一起來吧？四處觀光、購物、在我朋友餐廳吃一頓……如果你人有禮又熱心，城裡還有一些關係，你絕對占有優勢。」這名聰明的單身漢表示，如果你超過三十五歲，你手法要變。到了那階段，許多人都沒空跟你滑手機，都在忙孩子和生涯的事了。提供夢幻行程通常會奏效：「我帶你去跳舞吧？」、「我是個專業的按摩師。誰需要鬆一下背？」、「你想下午去山上走一走嗎？」（當然不是同時約三件事）。對於人生旅途走更遠的人，比起激烈高潮（當然這還是有適合的時候），一段安靜的休息時光其實更加吸引人（甚至是性感的）。

不論你目標為何：交友軟體行為的研究[53]證明，如果我們的訊息傳達愈明確（包括自介和聊天），我們能吸引更多對象。所以記得加強這項寶貴的技能。

## 初次接觸──注意事項

該下筆了，但要寫什麼？以下是遇到適合的人時的破冰訣竅：

- ♥ **好笑的動圖**：逗他們大笑。
- ♥ **量身訂做訊息**：開頭傳些關於他們自介和照片的問題或評論。先觀察！代表你有興趣，你有看到他們。
- ♥ **保持禮貌**：想像你剛才收到這則訊息：「你好帥／正。我們來約會。」這訊息既粗暴又冰冷。多用一點讚美和正向的鼓勵，得體的行為通常會讓你感覺更友善親切，也更富同理心。如果你舉止不得體，會留下負面印象，所以請保持禮貌。謝謝你！
- ♥ **語言正向**：快樂的氣息能為浪漫鋪出一條路。聊到各種事情時，態度正向一些，避免例如「無聊」、「爛」、「煩」等詞語，多用像「好棒」、「太好了吧」、「很不錯」等 54。
- ♥ **溫暖特質和能力**：即使在數位世界，我們仍會馬上自動評估對方是否可靠、有同理心和能力。隨時表現出溫暖的態度，用正向的字詞、積極提問、用鏡射技巧並表現出對別人說的話感興趣。
- ♥ **表情符號**：表情符號會軟化文字，增加幽默感。它們能幫助傳達有些非語言的訊息，所以好好利用吧。
- ♥ **鏡射**：觀察對象如何表達自己，主動模仿他建構句子的方式、他用的字詞、長度、口氣、表情符號和動圖。你的對象正經還是不正經？她打出的每句話你都能反應。我們在現實生活鏡射，在網路上也能鏡射。

- ♥ **引人注目**：脫穎而出吧。避免無聊的話或一字回覆。訊息簡短還是可以，但至少說一些出乎意料的話。

- ♥ **簡短扼要**：如果要花十秒鐘才看得完你的訊息，那就像做家事一樣，一點都不享受。長篇大論會把對象嚇跑，那會讓你感覺太難搞（**暈輪效應**）。

- ♥ **說話直截了當**：「嘿，你好，我是蘇菲雅，很高興認識你！你也有在集郵耶。」（或打高爾夫球、自由搏擊、做標本……反正你懂，就是共同興趣）。恰到好處即可：文字簡單直接，帶著一點魅力。

- ♥ **一致性**：如果你自介形容自己「成熟」，放上「成熟」的照片，那你配對的對象突然收到「想約嗎？」可能會很不開心。自介、照片和語言都要一致。

- ♥ **用對工具**：如果你想找性關係，聊天可以維持表面，目標是在現實生活見面。如果你在尋找感情，你可能要更專注在內心的感受，對方是否真誠，感受人和人之間的交流。無論目標為何，別聊太久，早點在現實生活見面，看有沒有化學反應。

- ♥ **回應及時**：如果你感覺對方不錯，值得一聊，那就快點回應吧。容易親近的人感覺會更有吸引力[55]（不只回應快有幫助，住得近也是）。及時回應能增加魅力[56]。但如往常一樣，你必須讓一切平衡，不要矯枉過正。如果你好像天天黏著手機，巴不得有人和你互動，你可能會讓人感覺太渴望被愛。

## 要避免的行為……

　　有好方法能破冰，也有很多糟糕的方式。以下是十一個錯誤：

- ♥ **筆友**：如果你一直沒約見面，可能會發現這就是兩人的關係……你用交友軟體是來交新朋友的嗎？
- ♥ **酸言酸語**：不要怨天怨地。避免不開心和難過，絕不要有太多要求。保持正向幽默的口吻。如果你等了好久，對方還沒回應，你可以丟個好笑的動圖，說說自己現在在幹嘛或週末的計畫提醒對方。
- ♥ **要求**：你們還沒在一起，所以要求別人只會顯得沒禮貌、討人厭。讓自己大方、開心、正面、有同理心和充滿感恩，這就是讓萬事順利的祕密（感情要愉快也是如此）。
- ♥ **是非題**：是非題是對話終結者，死路一條。如果你之前已經傳訊，你可以提起之前的話題，問他們週末的計畫，或問有沒有推薦的書和電影。不要寫「知道什麼好書嗎？」，而是要問「你推薦哪本書？」
- ♥ **自我中心**：不要一直談論自己。你媽告訴過你了，聽她的話。
- ♥ **複製／貼上**：聊天要因人而異，不要懶惰。如果你每次配對到不同的對象都用同樣的開場白，我們會發覺。讓我們覺得自己特別一點吧。
- ♥ **粗俗**：不要當個賤人。你想跳過談情說愛那一段，直接追尋性愛沒問題，但你如果表現粗魯，毫不體貼，大家通常會不敢和你見面。性暗示的幽默之處在於盡在不言中。如果你想玩大人的遊戲，表現得像個大人。

- ♥ **期望**：你不要把一切當作理所當然。和一個人配對不代表對方自動想見你。
- ♥ **沉默寡言**：給簡短、無用的回答，像「OK」或「好爛」，會讓人感覺冷漠。有時你必須多花點時間多打一些字。「那感覺一定真的很糟，天啊！好可怕，發生什麼事？你還好嗎？」
- ♥ **抱怨**：永遠不會有用。要有耐心。如果你受夠被動等待，感覺這人需要一點催促，丟點動圖，問他日子過得如何，或他是否要出去玩。如果他忽略呢？那就不理他吧，他沒興趣。
- ♥ **這裡理當要看到以好笑或諷刺的方式寫的短標題，提醒你不要寫太長的訊息**：長訊息會把期待值拖垮，你的對象會對你失去耐性。

---

### 傳訊訣竅：五點經驗法則

- （如果對方有自介）用對方的自介量身打造回覆。
- 提到他們照片中的事物，稱讚他們的照片。提到他們照片中的事物，稱讚他們的照片。
- 傳訊的方向：「你第一次約會會想做什麼？」、「很高興認識你！」、「你喜歡夏天還是冬天？」、「海灘還是山裡？」、「你最喜歡自己個性的哪一點？」、「你覺得自己最煩的一點是什麼？」、「關於你，說一件你覺得我必須知道的事？」記得要維持開放的態度、欣賞不同的特質、維持溫暖、真誠和好奇。
- 給他們真心的稱讚。稱讚免費，但能為你帶來成功。
- 讓對話持續流動——讓感情化為習慣。

本章的結尾，我們來看一項研究，研究分析了Tinder使用者中25萬女性介紹和23萬男性的介紹[57]。首先在網路交友的行為觀察中，女人在選擇對象時比較嚴格，這會導致配對變少；反之，男人則對許多女人滑「喜歡」。有的男人甚至喜歡所有女生的介紹，只在事後決定要不要回覆。

這情況會造成反饋迴圈，一方面男人為了得到配對，更不會篩選，而女人發現自己大多數的「喜歡」都會獲得配對，於是篩選會更加嚴格。男人一直滑女生，卻配不到對象，他們會因此滑更多人，女人則會有更多選擇。男人變得更積極，女人更嚴格篩選，不幸的是，惡性循環不斷持續。

事實上，33％的男性表示經常採用全右滑策略，而25萬左右的女性沒有一人用這方法。而且雙方情況恰恰相反：93％的女人表示，她們只喜歡明確吸引她們的自介（這也是交友軟體最初的設計）。有趣的是，13％的男性表示，自己獲得多少配對會影響自己賭上什麼策略。

由於配對過程像是一場遊戲，男性簡單加強一下自介，便能增加配對機率（例如換上好看的照片）。好的自介能增加機會，也能增加配對。

那配對之後呢？有數據證明誰更有可能傳訊嗎？要傳什麼才好？又一次，差異非常明顯。研究者發現整體而言，21％的女性會傳第一個訊息，然而只有7％的男性會開啟對話。換言之在交談時，女人比男人投入3倍。我覺得這是因為男人在Tinder的策略上是量大於質。研究中，他們發現男人有8248個配對並未進一步交流。反

之，女性只略過532個配對，這代表她們更在乎自己喜歡的對象，所以覺得對方更值得傳訊[58]。在眾多交友軟體上，其實不需配對，就可以傳訊給彼此。

接下來是另一個刺激的時刻：配對之後到傳訊的時間。男性傳訊相當立即，63%的人在配對5分鐘之後就會傳出。但女性的話，只有18%的人會馬上回覆，這代表女性使用者通常會等待對方傳訊。「我會收到他的訊息嗎？」但是⋯⋯男生的訊息很短！男性平均傳訊的長度只有12個字母，女性相比之下有122個字母！許多訊息甚至比那更短。對男性而言，25%的訊息都不到6個字母（像「你好」「唷！」和「嘿」等諸如此類）。

所以我對男士有個寶貴的建議：多寫一點！如果你想脫穎而出，細心寫些內容（不要太長，也不要太短）。

研究結果非常清楚：網路交友時，男性和女性由於目標不同，採用不同的策略，所以約會變得格外困難。但同時，研究結果也突顯了許多脫穎而出的方式，讓我們增加成功的機會！

# ♥ 傳訊、打電話或見面？

你知道在電話中簡單說一句「喂，你好！」就足以讓人產生對你的看法嗎？只要你聽起來正常友善，那就沒問題。這是我們所有人都在做的事。但現實的是，在約會方面，大家都會避免打電話。這點非常可惜，因為你錯失一大良機。比起每天把表情符號丟來丟去，打電話成果更好。

## 讓電話幫你個大忙

在現實世界見面是我們多數人的目標。我們應該盡早達成。所以幹嘛打電話？見面之前，傳訊就夠了，不是嗎？沒錯，我們是可以這樣。但或早或晚，我們會遇到一些情況，覺得用說的比較有效率。有可能是你配對的對象有點猶豫，想在見面之前聊一下。也許你們暫時無法見面，因為其中一人在旅行、你們住太遠、你們的家族是世仇⋯⋯如果你想讓愛火繼續燒，不甘心讓火苗熄滅，一通電話便能延續那火苗。心理學中，這現象稱作**媒體豐富性理論**（media richness theory）或**社會訊息處理理論**（social information processing theory）。理論描述人際溝通會因各種溝通方式受到影響，像傳訊、

打電話和在現實生活見面。

記得一點，**人類天生習慣在現實生活見面，因此見面非常重要**。你也希望在現實生活中感受到「合拍」的感覺。影像和打電話是一種輔助，但聽到他人的聲音絕對比光傳訊息好，你能靠這方式更快加深關係。訊息缺少的是非語言溝通，因此較沒效率。這也是網路上容易造成誤會的原因。一通電話也許就能排除疑慮，讓對方出門（投入你懷抱）。研究[59]也表示，說話能影響我們的神經化學，增加體內的催產素。催產素能讓我們感覺良好，加強你和對象之間的連結。和信任的人聊天，也能降低壓力荷爾蒙（皮質醇）。光是傳訊無法有這效果。

所以不是內容的問題，而是我們說話的方式。能不能到下一階段，可能要看你如何傳訊及在電話中交談。把握好這件事，你就能讓大門多敞開一天。作家珍‧菲利普馬丁森（Jean Phillips-Martinsson）曾寫道：「在你內心和靈魂中，你可能是最溫暖和溫柔的人，但話說太少，可能會遭受批評。」當個好人就是不夠，所以問題是——你要怎麼向對象展現自己溫暖、正向的個性？

目光專注在目標上——把約會時間訂下來！電話和視訊能加快過程。記得你的目標是在現實生活中見面。在月曆將時間寫下之前，不該只傳訊息（不過一切確定之後，如果你只是想聊個幾句，那我想傳訊息就夠了）。

如果你想讓對話朝正確方向發展，有兩件事我覺得你應該著重：

♥ **能量**：我們都有不同的能量，有人說話慢郎中，有人說話熱情四射。如果你是能量包，但你的對象是個不慍不火的思想家，那你們可能難以對話。到這階段，最好試著**鏡射**彼此的能量，找出停頓的頻率和語速。但也要記得，冷靜的舉止會展現親密度，便能深入情感交流。

♥ **喜悅的藝術**：讓對方感到重要。保持注意力，專注聆聽，提出適當的問題，等待答案。這能讓講電話的對方感到受尊重。你的聲音會透露出自己的個性，所以要意識到自己聲音和語言可能給人的印象。根據約翰‧杜威（John Dewey）所說：「人類天生最深沉的欲望就是想變得重要。」讓他人感覺受關注和欣賞是件好事。如果你讓約會對象覺得自己有被看到、聽到和欣賞，並享受這段時光，你也會更容易受人喜歡。別只滿口吹噓自己的新車和好工作。

# 約會時

# ♥ 有化學反應嗎？🔥

　　該上戰場了，這可是關鍵約會！你腦中充滿各種期待……這次會成功嗎？說到是否受吸引，在現實生活是無法假裝的。有次我跟個男生約會，他勾起嘴角說：「我們現在坐在這，將彼此『去物化』。」這敘述非常準確。與剛認識的人透過手機螢幕判斷是否有化學反應，就像靠一張明信片判斷你會不會喜歡紐澤西——像在擲骰子一樣。也許你曾注意到大家透過網路多敢發言，在群眾之中卻不敢輕聲說出自己想法？我們真的需要見面。

　　吸引力背後藏有什麼神祕的因素？

　　初次約會小訣竅的第一章中，我會說明初次見到別人時天生的心理機制。我也會向你分享許多具體的訣竅，幫助你順利與人見面，像是如何閱讀肢體語言、傳送正確的訊號甚至如何調情。首要之務是要了解自己對對象的感覺如何，再來，你知道對方對你的感覺如何時，事情就會容易許多。

# 小心落差！

利索‧夏拉比（Liesel Sharabi）和約翰‧考琳（John Caughlin）兩名學者調查了網路到現實生活之間的轉變，科學上稱之為**模態轉換**（modality switching）[1]。根據傳統，這不成功便成仁的關鍵時刻，通常是感情是否開始的決定點[2]。如果你們都中了，兩人關係會出現轉折，進入更親密的關係。不然兩人會漸行漸遠。

除此之外，夏拉比和考琳調查了幾點，像是兩人的吸引力（從網路到現實生活時，吸引力如何改變）、兩人對彼此共通點的感覺（這是和吸引力息息相關的一點）、對於對方的不確定感（她喜歡你嗎？）以及第二次約會的可能性。第一次見面時，許多約會者會幻想破滅[3]。當然不是一直如此，但約會之後，經常會覺得對方吸引力減少。大多數人生活中都有過這經驗，不是嗎？我們過度理想化對方，結果像洩了氣的皮球一樣失望。這其實在意料之中，我來告訴你原因。我們腦袋天生會將空白處填滿，因此會出現一廂情願的妄想。我們看潛在對象的照片時，甚至還會自己美化，憑著一張模糊的照片，將五分的人看成九分。我遇過許多次幻想破滅的情況。我跟一個男生傳訊，也打過電話聊天。對話都非常順利。他感覺十分完美，待人真誠、幽默善良、善解人意，他個人生活和工作都中規中矩。如果電話就能確認是否合拍，我當下肯定會有感覺。我們兩天後見面了。但兩人沒有一拍即合，我甚至毫無感覺。他仍然是完美的對象，這點完全沒變。但我就是沒感覺（真可惜……）。

不過打電話仍有小小的好處：我們愈常溝通、詢問和回答問

題、了解彼此更多事，我們愈不會妄想。研究指出這能增加享受好約會的機率——多說話能減少不確定感。

我們會過度強調共通點。約會前，我們會覺得兩人都喜歡同樣的音樂、電影、喜劇演員和文學作品，彼此很有共鳴，但深入了解一個人之後，幻覺都會消散，你會開始看到對方真實的樣貌。感覺兩人有共通點其實不只是腦袋的幻想或妄想，那也是第一次約會最重要的滿意度指標。我們腦袋之所以會放大共通點、隱藏差異，是因為我們渴望我們喜歡的人有熟悉的背景和基礎。

將網路認識的朋友帶進現實生活並不容易。如果你對某人有感覺，盡快約會，別讓想像力膨脹自己的粉紅泡泡，最後無法自拔。


## 你多會看人？

好伴侶讓人生活快樂。爛伴侶讓人生活悲慘。看人的眼光其實能拯救你的人生。

我們該如何正確閱讀彼此，避免未來心碎呢？

首先，我們其實很擅長從第一印象看人。研究者指出，大家見面需要多久才能形成對彼此的看法，研究的時間有5秒、20秒、45秒、60秒或300秒。那我們得到的時間愈多，評估愈準確嗎？他們也研究了什麼「資訊」（訊號）最重要。例如，初次見面時，究竟是外表、第一個分享的小故事或解決第一個邏輯問題最會影響印象？

人類演化中，閱讀彼此的情緒至關重要。如果你今天特別生

氣，對我會有危險，我必須察覺才能避開。因此我們對於負面情緒會比較敏銳。但我們也能迅速察覺聰明、和善和認真與否。我們只需5秒便能精準判斷一個人，結果和給我們300秒（5分鐘）一樣[4]。為什麼？生存最高準則是判斷我們面前的人是「朋友」或「敵人」，是否值得信任。為了判斷對方的執行力，我們也能快速察覺對方的智力。但對方的意圖是什麼則是另一個問題。

我們見面時，何時會開始評價對方？我們約會時放鬆一點之後嗎？我們「真實的自己」在那時會顯露嗎？

我承認這聽起來有點模糊，但答案真的是「一會之後」。研究者發現我們評價個性（看到對方「真實自我」）最好的時間是在初次見面後3分鐘左右。在我們不再緊張之後，並在陷入另一陣尷尬之前。另一項研究指出，至少需要1分鐘之後，我們的判斷才較為準確。快速約會時，和對方相處4分鐘以上，才有足夠的時間判斷個性和智力。

## 初次約會的要點[5]

- 物以類聚：與自己有共同興趣的人安排約會，或至少找出共同興趣，約會會更順利，也會提高下一次約會的可能性。
- 聆聽你的直覺：即使在見到對方的前幾分鐘，我們通常能精準評量對方。小心別被對方的魅力迷惑了，相信我們的直覺能評斷對方的個性。
- 多問問題：多了解彼此，但別把第一次約會延後太久。
- 和坦然大方自我介紹的人約會：開放和真誠能大幅增進享受良好關係的可能性。
- 準備好面對幻想破滅：有時你的希望會破滅，這就是人生，孩子。從網路換到現實世界，神祕的魔力一定會消失，但你的舞會不一定就此結束。但如果你失望的是對方粗魯無禮，那你最好趕緊下車。

## 化學反應和一見鍾情

你要去約會了！訂好約會日期本身就是一大突破。如果你看數據，滑交友軟體的許多人甚至沒出門約會過。很多人每晚都在空轉大姆指。

所以在這重要時刻，你要思考什麼？關鍵一點是（這指的是任何時候，不只是約會）你還是要有良好的社交技巧。今天開始加強

吧，因為社交技巧愈好，你能有的對象愈多。努力學習要怎麼創造吸引力。技巧增加時，你會了解如何讓關係朝好的方向發展。

首先是強而有力的出場。你要給他人的第一印象是像當頭棒喝，讓全場嗡嗡作響。約會對象第一次看向你時，你要抬頭挺胸，姿勢要展現出自信心，嘴上可以掛著淺淺的笑容。你要讓自己感到自信，完全展現自己，這應該能讓你自然和大家相處融洽。與其感覺別人「陌生而危險」，你應該熱情溫暖歡迎不認識的人。手不要放口袋，不要閃爍狐疑的眼神。問好時目光和人相對，讓你的正向態度透過眼神傳遞，像一見如故……如果有人看向你，你可以露出友善的笑容回望他。掌握情況，每天謙和以對。

我剛才描述的舉止表達出溫暖和自信。我們相遇時，溝通是有兩種方式：語言和非語言。平行的對話透過兩種頻道傳遞，半小時的會議就累積了數百種非語言訊號。

後面的章節會討論身體語言，但現在我們來花點時間討論化學反應「神奇的」心理特性。畢竟這是你和對象是否有感覺的決定性關鍵。但那是什麼？「化學反應」代表你心裡感覺到自己和另一個人有特殊連結。這不一定是和性有關，重點是感覺「我需要再見到這個人」。這感覺是你們很合，而且你通常馬上感覺得到。

非常少的情況中，你甚至會感到一見鍾情。一見鍾情是三千年的藝術和文學中不斷重複的主題，在西方世界至少三分之一的人曾經歷過。不可思議的是，同樣的感覺仍在一生中影響著後續的關係，甚至到晚年也是如此。為什麼？化學反應的感覺能增加兩人的熱情，因此會有更高的滿足感，在關係中更穩定。一見鍾情是確有

其事，並依據我們對彼此的吸引力而定。如果要第二次約會，當然彼此都要受到對方吸引[6]。

除了外表之外，我們也需要情感和知性上的連結，包括身、心、靈。我們必須要感覺對方性感、聰明、心地善良。朋友的話，通常「善良」或「善良和聰明」就可以了。在工作場所，通常會強調「聰明」和「有能力」（當然看你工作性質）。如果你想要一夜情，那「性感」可能就夠了，但長期感情的話，你需要有三個基礎：**聰明、情感和浪漫／性感**。這裡，「性感」代表性張力、性欲、調情和性吸引力。我們可以影響其中許多因素。

某種程度上，我們需要找到目前沒有對象的人。若我們想要感到真正深入的連結，我們感情生活也至少必須空窗。第一次約會至關重要。表現出你不只想聊得愉快或交新朋友，而是真心充滿興趣。你可以創造輕鬆好玩的氛圍，幫忙把木偶變皮諾丘、眼神多接觸、做一點點肢體接觸、坐近一點、開些玩笑、稱讚對方、避免工作的討論，將對話導向更有趣的事情。在非語言溝通上，理性與人交流和情欲的交流很不一樣。

「今晚很開心……」

然後鴉雀無聲……接下來要說什麼？你原本輕鬆自在，後來兩人陷入沉默，緊張感漸漸升高。面對約會對象，調情不需要多聰明性感、多有技巧或多令人印象深刻。重點是你當下有沒有專注，有沒有和對象一起玩鬧。如果你以前都裝酷、表現得很開心、句句聰明並打對每張卡，這次試試另一種模式，讓自己感覺平靜、溫暖、快樂且全心投入當下。開朗和狡點等特質很不錯，但不一定能讓你

擁有性行為。如果你過去都聊工作和學習，這次試試其他主題，像你的夢想和展望、你開心的事、你的恐懼、你發生過最好或最糟的事。透露你的內心世界，主導氣氛。在約會之前，花點時間讓自己開心起來，像聽音樂跳舞，保持心情愉快，噴上最喜歡的香水，專注在當下，或洗個熱水澡，喝杯熱茶。設法卸下防備，回到真實的自己。你當然不希望適得其反，腦中還都是老闆的聲音，就直接從公司趕赴約會。你想呈現哪一面的自己？總之，表現出快樂、誠懇、善良又能挑逗人的一面，同時適時表現自己脆弱和人性化的一面。

所以什麼情況能一見鍾情？無論如何，外貌絕對是個因素。不論性別、文化甚至關係長短，外貌當然影響了吸引力和伴侶人選。再加上我們馬上能辨別外貌（快速約會研究證實了這點）[7]，因此你會發現外表是一見鍾情的關鍵因素。外表吸引力定義為「因為特定對象的外在吸引力，對其產生主觀正向感受」。你還記得之前提到的**暈輪效應**，對吧？（姑且不論公不公平）大家通常會覺得有魅力的人在各方面都比較有趣。

我知道一提到外表會讓大家失去信心。但別擔心，我告訴你這點，是因為有好消息：沒錯！你可以影響自己引起化學反應的可能性——只要你展現最好的自己。我們的外貌如何全掌握在自己手中。我反覆強調能在外貌下功夫（頭髮、衣服、鬍子、化妝等），在本質上讓外觀更耀眼。噴個髮雕，穿上新褲子，再加上一點運氣，你可能就會迎來下一段感情。

## 三種程度的接觸

　　不論你做什麼，你都在向四周發送訊息。在對象面前，選擇自己個性最閃耀的一面。你的能量和氣質會決定約會成功與否，當然如果愛情一觸即發，對方也要有反應。有時雙方能產生火花，有時則不會。以下三種程度的接觸會幫助你增加吸引力，加速化學反應。雙方接觸的程度非常關鍵，會決定結果是友情，還是愛情；是快樂的約會，還是美夢般的約會；是表面膚淺的約會，還是深度交流的約會。

　　在以下三者找到平衡點：

- 情感接觸：慢下腳步，增加眼神接觸，專注於當下相處，放開心胸，真誠待人。分享自己的感覺，包括脆弱的一面。說說自己私人的事情。也許告訴對方一段人生的故事，展露你真實的人性。如果你不想和這個對象分享深層的感受，也許就是你該注意的跡象。

- 知性接觸：他們如何看待世界？如何看待職業生涯？人際關係？價值觀？如何看待事情的輕重緩急？你喜歡和他交談，大都同意彼此的看法嗎？話題有沒有共識，就知道雙方知性上是否契合。如果契合，你們會繼續彼此學習，對話會更滿足且有所收穫，你們的關係不會只是身體搭配。你的對象應該會發現自己遇到一個懂事、聰明、知性且處事圓滑的人。對於自己的立場持開放態度，著重在你們都同意的事物上。

- 性接觸：第三種程度的接觸關於調情、身體親密度和性暗示。兩人都會感到挑逗、磁場、火花、肉慾和身體吸引力。壓低聲音，用眼神交流，大膽停頓，不發一語，創造經典電影中吻戲的無聲場景。四目相交，從知性的交流轉換到感官的交流。有時最性感的一刻是什麼都不做，讓一切安靜。畢竟嘴巴一直說話是無法親吻的⋯⋯

## 煉金術的藝術

想像你和對象已訂好時間地點。你抵達時，你遠遠看到他已在那等你。也許你期待很高，肚子緊張糾結，深深希望自己不會失望。顯然你希望兩人能對到頻率，因為接下來一小時，合不合會有很大的差別（雖然沒有化學反應，你還是能過段美好的時光）。

所以問題是：你能讓兩人產生化學反應嗎？

我們別操之過急，記得我們只能做好準備，努力影響結果，我們不能控制對方的感覺。事情沒有一定。你面對的是四個可能的情況：你喜歡對方，但對方還好；對方喜歡你，但你還好；你們不喜歡彼此；還有我們的目標，你們喜歡彼此。其實有一些方法能幫你補好破網。

外表吸引力至關重要，所以人首先要好看！穿上討人喜歡的衣服（注意鞋子，各位），頭髮整理好，讓臉容光煥發。但別太誇張

（那樣會看起來太渴望被愛），但請好好發揮自己的潛力。一切要看起來這就是你，你平時的樣子——彷彿你覺得好看不是錯，態度輕鬆自在。套句傳奇時尚設計師可可・香奈兒（Coco Chanel）所說的話：「穿得醜，大家都會注意你的衣服。穿得美，大家會注意你。」

你的下個方式是提升個性。哪個特質值得強調？用衣著突顯這點。雖然一開始吸引對方的是外表，但個性才能留住人，所以記得露出笑容[8]！笑容擁有強大的力量，能影響我們最深層的原始大腦。笑容能讓對象放鬆，覺得你不是威脅，於是能留下更好的印象。就算你覺得笑容不好看，還是笑一下吧。

眼神交流很重要，但別一直盯著別人瞧。打招呼和眼神交流是留下正面評價最有效的方法。除此之外，眼神交流能讓你看起來更有自信[9]。激勵大眾的演講家眼神交會的次數比害羞的講者多了3倍[10]。眼神交流還有個有趣之處，它能讓人感到溫暖。有項研究中，研究者會讓受試者看幾段夫妻討論事情的影片[11]。第一對夫妻眼神交會的時間有80%。看完之後，受試者評價夫妻關係友好自然，並對他們有正面的印象。而第二段影片中，第二對夫妻眼神交會的時間只有15%。結果受試者都認為第二對夫妻冰冷、防備心重、不成熟和被動。一般人目光交會大概3秒鐘最為舒服，時間更長的話，我們會覺得不自在。如果我們非常喜歡對方，或相處自在，我們會直覺增加眼神交流的時間。

用最適合的方式向對象問好。如果適合擁抱（端看我們有沒有遇到疫情），記得擁抱會散發催產素。催產素（Oxytocin，別跟致死

毒品羥考酮〔Oxycontin〕搞混）是自然分泌的神經化學物質，會讓你身體感到溫暖愉快，擁抱的對象也會感覺到。我們之前討論打電話[12]時也有提到，但我們觸碰彼此時，效果更強烈。

想要避免打完招呼後的尷尬，就馬上讓對話開始。當下馬上評論一件事，或問對象怎麼來的。你可以評論啤酒菜單或景色，而真心稱讚對方當然也是個好方法。表現出自己調皮的一面，因為如果要讓這場下午茶變嘉年華，最需要的就是幽默！笑聲能讓心情更放鬆。謀對謀或裝酷是最糟糕的策略，所以就算是內向的人，約會也必須脫殼而出。現在該與人建立連結，機會可不待人。

接觸前幾秒和幾分鐘可以決定晚上的氣氛。有個科學用語叫**初始條件敏感性**（sensitive dependence on initial conditions），這代表在活動一開始氣氛的小變化，之後會像滾雪球一樣愈滾愈大，所以最初幾分鐘十分關鍵。但別太有壓力，其實你愈放鬆愈好。你想為對象營造溫暖快樂的氛圍。如果你的對象今天不大會聊天，那多費點功夫，讓氣氛輕鬆一些。你也緊張嗎？轉移注意力是個好方法，在約會前看些好笑的小短片，或用耳機聽你最喜歡的音樂。姿勢維持好，抬頭挺胸，挺直腰桿。你甚至可以按摩一下肩膀和脖子。在搞定第一印象前，藉著這些小技巧影響神經化學，讓自己感覺好一些！

情緒能感染人。展開深鎖的眉頭，把態度轉為正向，用快樂和熱情感染約會對象吧！

## 為這場約會散發光芒

你的目標是和對象建立美妙的連結，進而讓兩人都有正面的感受。所以章節最後，我們提供一些具體的訣竅，在激烈的約會大賽中，助你一臂之力：

- ♥ **幽默**：讓他們發笑，他們就會有愛。最好愈快愈好。自嘲通常會讓人覺得有吸引力。
- ♥ **笑容**：笑容會讓你更聰明，更值得信任，並增加人緣。我們天生就對笑容有反應，快露出雪白的牙齒吧！
- ♥ **帥氣／美麗**：今天要打扮得最好看。這一刻真的有差。如果你不確定自己打扮如何，詢問朋友的意見。你也可以去找造型師。
- ♥ **好氣味**：根據研究，如果看到臉孔時聞到香水，臉會顯得更有吸引力（比起無香味的情況）[13]。
- ♥ **好姿勢**：抬頭挺胸，賣相更好。肢體語言比言語更重要。
- ♥ **眼神接觸**：眼神接觸會讓人覺得更有自信，更能包容別人。
- ♥ **打招呼**：嗨，你好！（好吧，有點裝嗨⋯⋯）但說真的，不論你怎麼向人打招呼，表現快樂和真誠。適當的接觸愈多，催產素分泌愈多，記得維持笑容滿面。
- ♥ **調情**：如果你發覺自己快落入朋友圈，在認輸之前拿出絕招，調情一下，深情凝視對方的雙眼，或換個好話題。如果找不到挑逗的話題，你可以直接試試這句：「不好意思打斷你，但我剛才發現你的眼神好迷人。」自信充滿吸引力，調情讓我們感覺很棒。

讓自己散發魅力，調皮一點，並保持幽默、溫暖和……性感！

- ♥ **說話**：找出聰明或好笑的話。
- ♥ **聆聽**：聆聽比說話更重要。
- ♥ **表現熱情**：熱情的人比一灘爛泥和孤魂野鬼更好相處。熱情是種魔力，但這不代表一定要維持高能量。你可以同時熱情又成熟。
- ♥ **表達力**：撲克臉在賭場很適合，但在其他地方，充滿各種情緒的表情都更引人注目。
- ♥ **鏡射**：相似性會讓人感到連結，增加吸引力。你可以模仿約會對象的坐姿，或不時模仿對方的手勢，找尋兩人共同的音樂品味、度假景點或高價球鞋。找出共同點。
- ♥ **傾身**：向前傾讓你感覺更有興趣，向後倒則相反。朝對方探頭讓你感覺更有同理心，將頭抬高感覺更有權威。
- ♥ **順勢而為**：對話靠直覺，不要靠想法。順勢而為，讓自己放鬆，這樣一來，你的對象也不會變成審問模式。
- ♥ **觸碰**：如果對話中有能自然碰觸對象的機會，就碰他吧。但此時關鍵是感受力，所以也請小心，別踰矩。
- ♥ **按摩**：按摩會釋放催產素，催產素會增加對象對你的信任感，也讓他們更放得開。
- ♥ **熱飲**：和對象喝杯熱茶可以讓彼此感到溫暖。熱飲和對人感到溫暖，影響的是腦中同一個區域。
- ♥ **貼心**：如果你要再倒一杯水和酒，先幫對方倒。展現最佳禮儀。
- ♥ **大方**：請約會對象一杯飲料或一盤食物。別等他們問你。這門生意絕對是你獲利。良好的第一印象無價。

- ♥ **注意力**：百分之百的注意力放在當下的約會對象身上，不要分心。若不這樣，你是在破壞約會，浪費大家時間。把手機扔了。

- ♥ **現場意識**：不要想工作、家事、父母和全球暖化。全心全意，把握當下。

- ♥ **運用對比效應（情況允許的話）**：我們會拿別人互相比較。受試者若盯著極具魅力的臉太久，他們和外表「普通」的人見面的欲望會降低。想幫自己添點光？把自己的特質和外表和「較差」的人比較，享受正面的光芒。

- ♥ **促發（priming）**：好，這個比較複雜一點，但讓我解釋：即使我們感受不到差別，但我們受到某種刺激時，會引起我們面對類似刺激的反應。例如有個研究指出，受試者接觸了老年人的刻板印象。他們離開實驗室時，行走的速度比未受刻板印象影響的控制組更為緩慢。你可以提早和對象調情，看你目的為何，暗示些浪漫或情欲的事情。這方法主要是藉由暗示施展魅力，不需說出口或表明。

- ♥ **訂立死限**：經典的建議。約會後絕對還有要事在身，並事先告知對象你何時要離開。這樣一來，如果這次約會很慘（大多數約會都是如此），你就能輕易脫身。如果這人是你的夢幻人選？你可以先去一旁打電話……唉呀！怎麼這麼巧？下個約延期了……

- ♥ **走路或坐下——哪個最適合約會**：不同的人有不同的方式。問他／她：「你第一次約會想幹嘛？」事先準備一些答案，以免自己碰到同一個問題：「所以我們要做什麼？」一場好的約會不一定要別出心裁或前所未有。好約會就是好約會！但你們絕對要選兩

人都感到安全和自在的場所，也應該要做兩人共同的興趣。此外，重點是要能聊天，聊完之後，如果你們去參加活動或看電影也行。不過特殊和與眾不同的活動確實會讓你變得更有趣。

# ♥ 物以類聚，對吧？

　　或者異性相吸？以關係而言，相配與否代表某些地方重疊，其他地方則能彼此互補。總體來說，你和伴侶愈相近，你感情滿意的機率愈大[14]。我們已經討論過**鏡射**這種心理學現象。我們現在來探討「相似性」這個主題更大的範圍。

## 我喜歡你──你讓我想到自己！

　　鏡射是指我們模仿彼此的姿態、手勢和說話方式。我常發現自己沒來由模仿別人說方言。這種行為出自直覺，是由腦中高度自動的鏡像神經元主導（不光是人類獨有）。我們對食物和衣服的品味一致、行動契合，甚至彼此在同一個節奏時，我們都能感到和對方親密無間。親密感很重要，如我之前所說，團體的存活率遠勝過個人。

　　鏡射會影響談判結果[15]。實驗中，研究者研究了兩人一組的談判員。其中一個談判員接受指令，要他以不被察覺為前提，小心去模仿對方（例如對方身體向後靠向椅背時，受試者也向後靠）。關鍵是在不知不覺之間。所以鏡射有影響談判結果嗎？當然有！模仿對

方的談判員更能談成協議，成功機率多了5倍！避免模仿對方的談判員幾乎無法達成任何協議。三分之二採用鏡射的談判員都成功。鏡射能讓人感到友好，凝聚社會。它能打破「我們和他們」之分，讓雙方感到更親近，並有所連結。被模仿的對象感到更自在和滿足。

研究顯示，快速約會中，比起一般人，模仿對方語言風格的人第二次約會的機會能多3倍[16]。有相同語言風格的人三個月之後，有高出50%的機率仍會在一起。業務員能藉此變得更有說服力，研究指出，小費也會多出70%[17]！鏡射會影響我們傳訊的文字。研究證實傳訊打招呼時使用鏡射（例如別人說「晚安！」回覆「晚安啊！」，而不是「唷！」），對方有正面感覺的機率較高。

鏡射能讓我們團結，能讓別人喜歡我們，讓人感覺得到認可，而他人鏡射我們時，我們也會對他產生正向的感覺。無論喜不喜歡對方，我們甚至會對鏡射我們的人更好[18]。鏡射會放大「我們一樣」的感覺，我們成為了我們。

我們可以找到好多相似之處！外表相似是最簡單的一點，但除了衣著和面孔，你還有各種生活方式，像是飲食、訓練、教育、工作、閱讀習慣和品味、娛樂選擇、個性和價值觀……清單永無止境。根據**相似吸引效應**（similarity-attraction effect），我們愈相像，吸引力愈強[19]。面對相似的人，我們感覺愈能被接受，愈有歸屬感，同時會加強自我身份認同[20]，隱約鞏固我們對世界的觀點（她覺得如此，我也覺得如此……看來我們都對）。兩人感覺同屬一國，自然相處會更融洽，更少遇到衝突[21]。如果有一樣的想法，我們還有什麼好吵的，對吧？

另一個能應用的理論是**社會交換理論**（social exchange theory）[22]，我們會評估對方為感情帶來的「資源」，分析利弊，像工作成功與否，是否有同樣的學歷背景，甚至是否一樣好看。這代表共生感，例如：我外表出眾，而我伴侶有城堡的鑰匙。無論資源是否屬於同一類型，關鍵是我們的資源在這段關係是否平衡。收入和外貌，年齡和地位……所有因素都是籌碼。也許我拿到奧運金牌，而我丈夫是好萊塢星光大道的明星。我們腦中會暗自覺得，我們從感情中至少要能得到我們應得的事物[23]。

根據研究，我們確實容易選擇和我們相像的伴侶，例如一樣有吸引力，有同樣的**依附關係**[24]（本書在第四部分會討論），有同樣的政治或宗教信仰，或同樣的社經地位及教育[25]。價值觀、興趣、生活風格和智力上，我們也會有相似性[26]。相似性對感情有益，科學證實相似性有助於形成更健康快樂的關係[27]。

最常見的分手理由是「我們兩人差太多了」或「我們漸行漸遠」。其中一項研究是來自荷蘭，40%的離婚者指出，他們離婚是因為和前伴侶個性天差地遠[28]。

其實，我們真正偏離直覺的一刻是我們主動避免任何和對方的接觸。有個有趣的例子：如果我們已在一段滿意的關係裡，我們較不會鏡射有吸引力的人（我們喜歡的性別對象）。

以上關於鏡射的事實代表，其他人見到你（或甚至更早之前在傳訊時），他們就在想：我們有多相似？我們有什麼共通點？因此約會時，讓兩人聚焦在共同的品味和興趣，這策略十分有幫助。例如，你看到他照片裡有狗。告訴他你可愛的吉娃娃，或陪你從小到

大的狗，諸如此類。

## 相配的對象和硬幣的兩面

談感情，喜不喜歡是一回事。但兩人事事都一致，感情其實不一定更好[30]。個性和價值觀一致的話，兩者都有助於感情嗎？畢竟個性和價值觀面向截然不同。

我們這樣回答吧：感情關係中，在生活要事上有不同的價值觀、意見、道德立場通常會造成阻礙。處於長期關係中的人也許早已明白這點。從表面來看，要吵的事已經夠多了（像生兒育女、度假或工作和生活的平衡等）。

但是個性不一樣。雙方如果個性不同，相處上其實更好[31]。例如，如果雙方都一樣有主見，每個小決定都可能變一場拳擊賽，有人一定會輸。但如果兩人一樣被動，感情恐怕會滯礙難行。研究中也有實例，例如雙方如果都剛好缺乏**六大性格特質**的同理心[32]，他

們的溝通效率就會降低。個性上屬性互補的話，兩人相處通常更多元和有效。足球隊若有十一個守門員，絕不可能贏球⋯⋯因此與其看個性是否相似，不如看兩人相處是否相容。聽起來很複雜，但其實就好比兩片拼圖是否能拼在一起。兩人要能互相配合。但另一方面，無論如何，個性外向、有同情心、態度開放的人一定較受歡迎[33]。同理可證，比起和刻薄鬼或木頭約會，和有趣善良的人約會自然更好玩。

這裡有件重要的事：我們覺得自己喜歡的對象，通常跟我們實際喜歡的對象不同。感覺歸感覺，但想法和內心差距非常大[34]。感情受誰吸引非常難預測（不論配對節目怎麼設計）。你們有過一場超棒的約會，並不代表你們會有超棒的感情生活。我感情路上有過幾次不可思議的約會，但有機會發展出同樣美妙感情的屈指可數。接下來的約會，才能感受到其他差別。

其實我會時時將六大性格特質放在心上，以便意識到自己喜歡什麼樣的人，什麼人能吸引我，而我絕不想與誰約會。訊息、照片和自介三者都暗示著對象的個性。感情研究從西元1930至40年代問世之後，心理學家最終目的一直是合理並準確預測什麼樣的人能建立健康的關係[35]。

這也不意外，畢竟如果你能一秒就找到自己最完美的伴侶，能省下多少頭痛的事！

## 相似性在感情初期是最重要的要素

　　我們感情上會受相似性自然吸引，且通常會相信兩人比實際上更相似[36]。我們認識彼此時，有共感相當重要，相似性會創造吸引力[37]。一旦你進入感情，相似性就不再扮演重要角色。儘管如此，我們仍會著重我們相似之處[38]，其實我們感覺是否相像，甚至和結婚是否美滿有關[39]。

　　在感情中，我們通常在某些地方很像，某些地方則否[40]：

- 常見的相似之處：年紀、人種、宗教和信仰程度、態度。
- 一般的相似之處：教育水平、價值觀和興趣。
- 較少見的相似之處：個性──在這點上，我們通常和彼此相反。這是好事，因為特定個性會互相牴觸。

## 挑出共通點的小技巧

找出共通點會讓你和對象有歸屬感。所以你們之間如果感覺沒有共通點,你該怎麼辦?如果你還是對他有興趣,想繼續有戲,我推薦的第一個技巧是問問題。你想淘金?那開始挖吧。最後,你總是能找到某件事:相同的興趣、經驗或喜好。你們的共通點最後都會浮上檯面,例如去過同樣的地方或有一樣的娛樂。

另一個技巧是採用基本的身體和姿態鏡射。要在不知不覺之中進行,別把底牌都掀了。鏡射能討人喜歡,讓人尊重,並增加互相幫忙的機會。至於姿態,像是身體傾向、調整姿式等,都只是基礎而已。你還有其他方式能鏡射:

- 活動需求相似性(activity preference similarity)[41]:如果你和聊天對象享受同樣的活動,比起沒有共同興趣,兩人更有可能喜歡彼此。心理學上,這稱作活動需求相似性。

- 態度需求相似性(attitude preference similarity)[42]:我們對事情有同樣的意見時,比起意見相左,我們對於對方會更尊重。這稱作態度需求相似性。聊天時盡量多聊兩人有交集的主題、意見和看法。

# ♥ 身體語言的吸引力

雖然你在約會前，花言巧語編織了你美妙的形象，但此時「潛在對象」的潛意識已經看透了你。他已決定你值不值得相信，有沒有自信，或你是否不懷好意。

## 暴風雨前的寧靜

你說話時，其他人怎麼想？

首先，大家注意的是表情。另一個關鍵是雙手的動作。雙手要讓對方看到，不要插口袋，會讓對方比較放鬆。這代表你沒有藏著東西——不光是象徵，實際上也是如此。至於你的表情，最好看起來放鬆自在，樂觀開朗。避免模糊或矛盾的表情，你要用心營造安全感。一定要記得，如果時機不對，負面的微小表情只要從臉上掃過都會造成傷害。

手部動作不要像義大利人一樣多（除非你剛好是義大利人），試著讓一切看起來優雅緩慢。當然不是叫你慢動作，但你動作最好不疾不徐，展現自信，以免顯得得失心太重，緊張兮兮。有自信的

人動作不會急躁，天底下沒有你解決不了的問題，對吧？

　　確定自己的目標對象前，必須做一點田野調查。我單身時首要目的就是搞清楚自己喜歡和什麼樣的人相處。我不會給自己壓力，期待每次約會都完美。因為就像了解對象，我也必須了解自己。如果你把約會當作過程，就不會害怕錯失良機。如果維持這想法，你也不會感到焦慮，覺得一定要受人喜歡。這樣一來，你便不會裝模作樣，附和他人，或一直逾越界線，尋求他人的認可。

　　別落入那些心理陷阱。那樣無法自我肯定，也不會讓你變更有趣，只會造成反效果，你最後只會讓人覺得你沒安全感，缺乏意志力。所以扭轉形象，表現出最好的自己吧：自信、有尊嚴、樂觀又可靠！

### 用肢體語言展現溫暖和能力

　　如果一張照片勝過千百個字，那你的肢體語言就勝過千百張圖。用肢體語言傳達正確的訊息。約會時最重要的是要投射出溫暖。如果你可以投射自信、地位影響力及競爭力，那也很好。但投射溫暖和投射其他特質的方式不一樣。

- 溫暖可靠：用開放的姿勢，露出手掌，正向的目光接觸，善用鏡射，有時點點頭、歪頭，（當然別忘了）時時露出笑容。

- 能力和智力：挺直身體，抬起頭，和對方維持一點距離。動作明確，握手要穩定，做露出手背的手勢。避免身體不必要抽動和擺動，造成對方分心。該動的地方動，不該動的地方不動。這概念可以延伸到你的談吐，甚至是穿著。

選擇擺出權威的模樣（強調力量和權力）會冒著極大的風險，因為會顯得自己自大或太愛主導。例如，抬頭能展現自信，但頭再向後仰一點，突然就讓人感到自大。溫暖也不能太過分。真心的笑容能像顆核彈溫暖人心，如果你笑得過於熱情，時機又不對，瞬間會看起來很可悲，甚至會讓人感覺太過隨便。雖然隨和的人適合當室友，但很難吸引到伴侶。我們通常會被目標明確或散發權威的對象所吸引。

## 和諧溝通，別忘了笑容！

語言和非語言溝通需要和諧配合。語言很重要，但如果肢體語言沒辦法和語言一致，對方會搞不懂你傳遞的訊息，並覺得你讓人沒安全感，甚至不老實。

史班瑟・D・凱利（Spencer D. Kelly）[43]是神經學研究者，他用腦電圖測試手勢會如何影響腦電活動，也就是我們的腦波。當受試

者看到發言者做出矛盾的手勢，腦波會出現N400反應。如果影片有人比手勢卻在胡言亂語，受試者也會有同樣的反應。換言之，說一套、做一套會讓我們困惑。

杜克大學研究團隊發現：我們比較能記住對我們笑的人的名字，並覺得對方更真誠、愛好交際且能力強[44]。根據研究結果，面對面帶笑容的人，我們試著知道和記憶對方名字時，腦中的獎賞中樞會亮起。這代表看到笑容會感到快樂。就算想到別人的笑容，也能提升我們的情緒。

笑容就是你的白金卡！如果你善用可愛的笑容，對象可能會更喜歡你，讓約會過程大加分。

## 近在眼前，又無比遙遠……

好，我大概不會寫一本書叫《傾身的藝術》（但我不保證！）。但傾身肯定是你必須善用的一大技巧。我之前就提過，我們現在來深入討論一番。

稍微歪著頭會表現出你認真聆聽，並用心同理。你可以靠向對方，向他們傾訴心事，或向後靠，顯得冷漠一點。我們會直覺靠向我們有興趣的人事物，遠離我們提防或想維持社交距離的人。我們不帶任何意思，靠近或遠離人事物時會發生什麼事？身體距離會影響我們的感覺嗎？確實會。說真的，只要調整姿勢，我們就能激起其他人的欲望——光是傾身向前，你便能讓大腦溫度上升，讓你好

像有興趣。這代表身體前傾時，你能更投入在當下。

所以約會時，你可以偷偷探個風向：這個對象對你多有興趣？

向後退一步（維持眼神交會），增加兩人間的距離，看她怎麼反應。但如果你脫離眼神交流，她可能會覺得你冷淡。如果她向前一步，縮短距離，那你就沒問題了。她對你有興趣。如果她讓兩人之間留空，那你只獲得一點好感，沒得到她的心。繼續撒餌，晚點再試試看有沒有值得努力的機會。

距離能影響我們，舉個例子，如果你的對象突然向後退，那就代表你讓他們不舒服了。你可能看起來太積極，或進度太快。如果你不確定發生什麼事，向後退一點，增加一點空間。如果你的對象過一會沒靠近，等他們漸漸自在，你再減少兩人間的距離。如果他們感覺到你沒逼迫他們，通常會放鬆下來。如果你覺得他們侵犯了你的空間，你可以自己向後退開一點。兩人進退就像一支舞，你必須配合對方的節奏。這也適用於傳訊，不論是約會前後都一樣。進一步、退兩步的來回，是兩人找到舒服距離的必經過程。

我知道這很諷刺，可是……想讓兩人感情加溫嗎？那你就要冷靜一點。


## 熱情和冷靜

有時候你會覺得：「天啊，我一定像個大白痴一樣，對那有深度的帥哥扯些沒營養的。」有時你也會覺得：「天啊，昨晚要不是

我撐場，那可憐鬼大概酒喝著喝著就睡著了！」

　　兩種感覺都很正常，這只代表面對不同情況，我們的表現會不同。我們都有各式各樣不同的個性。有人激動、有人溫和，別擔心，做自己就好。不過，關於熱情和冷靜，一般人會有普遍的偏好嗎？（在這脈絡下，心理學通常會稱之為**積極**和**被動**，但我想用平易近人的詞。）

　　有個研究找來了一群招聘人員，要他們根據影片選出CEO的人選[45]。影片中男女都假裝自己要來應徵，但「應徵者」會散發不同的熱情程度，從中性到滿腔熱忱。而「應徵者」呈現出熱情時，得到的評價最好。我們喜歡有感染力和熱血的人，他們充滿活力和能量，通常熱情的人都是如此。而表現冷靜的人自然得到最差的評價。

　　可是，安潔拉，這是約會，不是他X的工作面試。

　　好啦，是沒錯！但如果成功要看你看起來是否積極，這就像一場面試。其他研究證實，大家會受表現所吸引。畢竟電影和電視圈演員要得到名聲不也是如此嗎？〈印象的形成：行為表現的角色〉（"Impression formation: The role of expressive behavior"）研究指出，我們喜歡外向、非語言能力強、自在自信、表情生動並看起來專注的對象[46]。所以下次約會，你知道要表現出怎麼樣的自己了，對吧？

## 你投射的形象

　　德魯・韋斯頓（Drew Westen）在《政治腦》（*The Political Brain*）一書中討論政治情緒。有個現象他稱之為**路緣吸引力**（curb appeal）：「選舉成功一大關鍵在於候選人的路緣吸引力。路緣吸引力是指候選人出現在電視上會『驅使』選民有所感受，進而形成情感上的印象。」[47]

　　一切都和直覺有關。你展現自己多適合之前，大家其實早就做出情感上的決定，例如你是不是領導者、你值不值得信任、你有沒

有機會約第二次會。除了政黨派系之外，西方發現我們的情感反應（直覺）是投誰的關鍵因素。直覺力量非常大，那問問自己：我有路緣吸引力嗎？我會引起什麼樣的直覺？

接下來，我們來學習在這場約會遊戲中，要如何加強路緣吸引力。你可以利用正向的眼神交會，增加感情發展的可能性。試試看：你露出微笑，並和對方眼神交會時，稱讚他一下。如果可以的話，逗他們笑。如果今天你搞笑失準，你永遠可以回頭稱讚人。聽起來很簡單，但這組合技能有幾點好處：**一、透過訊息和表情創造溫暖氣氛。二、讓溫暖的感覺和你（美麗的）眼睛連結。三、進一步反映到你整個人，這是最完美的制約策略。**

正向的態度，不論是對自己或他人，能讓你的羽翼更有光澤。自己喜歡自己非常重要。你對自我的印象會影響其他人看你。你心胸開放，開心快樂時，周圍的人都會覺得自在，並且更能敞開心胸快樂起來。如果你很不安，畏畏縮縮，周遭的人也會感到緊張，並收斂下來。不論你怎麼想，你都在打造自己的社交環境，如果你希望吸引別人，那你必須散發你期待得到的氣氛。如果你決定開槍掃射，瘋狂衝上戰場，獵捕永恆的愛，那你一路上會充滿失望和心碎。拚老命想擺脫單身向來都不討喜。我最近讀到詩人阿提庫斯（Atticus）睿智（但陳腔爛調）的一句至理名言：「永遠不要追尋愛。追尋生活，生活會替你找到你追尋的愛。」如果你放鬆，對生活感到滿足，內心就能找到平靜，並傳達出截然不同的訊號。如果你能維持自在的態度，就算約會不順利，那你也不會受影響（畢竟你的生死並非取決於這場不可思議的約會）。就算有人對你惡言相向也不是世界末日，說真的，絕

對不要走心。其他人拒絕你，通常只是他們的反射動作。也許他們最近被甩；也許他們面對太多回覆無法負荷，於是拿你來發洩；或也許他們的母親剛才坐壞了他的吉他。你完全不知道這人今天過得如何。為了所有人好，別妄下定論。

專注在你真心與人連結的時光，維持玩鬧的精神。為了對方，把握當下，好好做自己，表現出對他們的興趣，並展現有趣的一面。約會前給自己一些提醒，讓那些提醒成為你的指路明燈。和對象分享生活中有趣的個人故事。好好問問題，聆聽他們的回答。別自吹自擂、炫耀自己；反之，和他們分享你熱衷的事物。在約會叢林中，輕鬆自在、快樂悠然、熱情又專注的人才會脫穎而出。

## 你有多在當下？

如我所說，活在當下非常重要。你如果想讓別人留下印象，一定要全神貫注。我們愈重視對方，他們在我們身邊也會感到愈安心，我們的關係也會愈親密。

為了能更在當下，我約會前通常會把手機調成勿擾模式，妥善收起，忍住看手機的衝動。我不再去想下午發生的事，忘記早上搞砸的事，我將各種思緒和想法視若浮雲。接著我會提早到，才不會顯得太慌張（呃……總之我努力了！對不起，哈根・艾瑞克和馬格努斯……）

只要你專注在當下，你的感情和互動都會更成功。美國研究指出，

醫師只要當下更專注並仔細聆聽病人，他們被告的機率就愈低[48]；反之，語氣充滿權威、態度冷漠的醫師被告的風險會增加[49]。把握當下能讓我們更具吸引力，生理和心理也更健康[50]。能活在當下的人通常更冷靜和可靠，一般而言精神更愉快，受到的壓力更少[51]。

所以你懂了吧，是否活在當下的結果大不同。我們討論了各種幫助我們專注在當下的方法，現在勝券在握。大家也許不懂你的魅力何在，為何讓人無法抗拒，但他們會感受到。

# ♥ 提升你的魅力

　　魅力能培養嗎？還是那只是神奇的才能，只有天生幸運的人才擁有？

　　心理學家霍華・弗萊曼（Howard Friedman）和同事研究了有魅力的人和無魅力的人之間的差別，結果他們發現魅力高的人能影響魅力低的人的感受[52]。尤其有趣的是，有魅力的人快樂時和無魅力的人相處，無魅力的人後來會變得更快樂。但效果只有單向，而且是正向的影響。

　　費萊曼研究顯示，魅力（或你可以說是熱情、光輝等）能感染他人。無論溝通形式，魅力高的人通常會用更樂觀的方式表達自己。因為他們確實很樂觀，那就是魅力的來源。他們充滿感染力的熱情氣息能為周遭的人帶來溫暖，就像戶外暖爐。意外的是，無論是在影片中或現場說話都沒差，魅力依舊能感染人。

　　他們能更輕易說服別人，溝通也更有效率，這不只影響你是否能邁入第二次約會，也影響你在工作場合的表現。

　　魅力讓你脫穎而出。大家會記得你。你有愈多影響力，愈能信服他人，大家就愈喜歡你。你的意見會更有重量。

幸運的是，魅力是可以培養的，以下有六點訣竅，告訴你如何做到[53]！

## 一、創造畫面並表達

說一個故事。好好對聆聽者述說，讓他們感覺身歷其境。

## 二、用表達力強且連貫的肢體動作

用你的全身說話，包括表情、身體和眼神。展現活力和熱情，但別太超過，以免你看起來太緊張和慌張。另外，別刻意提高自己的權威感。如果你講的話質大於量，自然就能冷靜散發權威。動作自在輕鬆，並要合乎場合，不要顯得太過刻意。如果你喜歡練習，可以欣賞成功演講者具說服力的影片，並研究他們的動作。研究指出，有魅力的人情緒表達具感染力，個性較外向（甚至有好看的外表）。這幾點你可以努力加強。

## 三、運用眼神交流

看著你說話的人。當然，別盯著人家瞧（記得目光相交最佳時間是3秒鐘），適當眼神交會能表達你的注意力在對方身上。如果有其他人在場，記得和每個人都接觸眼神。

## 四、表達你的感覺

影響我們決定的過程的是情感，不是邏輯。人類一般是用邏輯來合理化自己的結論，而非做出結論。所以如果你能在約會時激起

別人正向的情緒，你就占盡了優勢。例如，事先想想，你想讓約會對象出現什麼情緒，看自己有沒有一、兩個小故事能拉動對方的心弦。

## 五、笑吧

因為你笑的時候我們最開心！但別裝喔，一定要發自內心。另外，必須找到合理的平衡點。臉上一直掛著燦笑到處跑的話，你恐怕會降低一點權威感。總之就笑吧，很簡單！

## 六、讓對話流動

和陌生人聊天很尷尬，但今天是要讓對方印象深刻。如果你能讓對話繼續推進，你就能成為約會達人。如果你覺得當下很難找出話題，事先備好一些想法和故事，閒聊時能拿來開場。唉呀，試著說個笑話也好！

# ♥ 輕輕一吻？不只是一吻？是性感上場的時候了嗎？

你約會時，身體界線在哪全看個人（我希望這點表達得很清楚）。不要管對象是否期待，那不是你下決定的原因。你沒有義務配合，你身體的主控權不屬於他人，全取決於自己。如果你覺得受到脅迫或被逼做愛，這時絕對要為自己站出來。

我一百次約會經歷過各式各樣的事。我遇過不可思議的冒險，享受過美妙的約會，和他人有過意義深遠的緊密連結，還有無數次毫無上述經驗的約會。我遇過形形色色的人，身體的感受也不同。許多對象除了見面握手和離別擁抱之外，沒有更多肢體接觸。那就是我的感受，所以我依照我的感覺行動。這是你唯一的指引：你的感覺要對，心裡要感到舒服。無論我們是在說一輩子的感情或一夜情都一樣。

## 神奇的觸摸——催產素

人類最原始的「語言」就是觸碰。普渡大學（Purdue University）一個實驗中，女圖書館員必須檢查圖書館中的學生在

閱讀什麼。但對於其中一半的學生，她必須同時小心地輕輕碰觸對方。例如她接下或還回學生圖書館證時，會輕碰對方的手。學生離開圖書館時，他們會評量在圖書館的滿意度。除此之外，調查者也會詢問，圖書館員有沒有微笑或碰觸他們。奇怪的是，有被碰觸的學生會記得圖書館員有對他們微笑，但是否碰觸卻不記得了。不只如此，被碰觸的學生都更正面描述圖書館中的體驗，甚至對生活的感覺更正向。其實碰觸客人也是服務生拿到更多小費的方式[54]。碰觸對我們有不可思議的效果。

所以我們被碰到時，身體發生什麼事？

碰觸時我們的大腦會分泌神經化學物質催產素。而圖書館員和服務生觸碰學生時，他們體內便分泌了催產素。催產素能夠增加信任，以及人與人之間的情感。別人觸碰你時，你感覺會更好。而你喜歡某人，通常也會喜歡碰觸對方。這一切相互連結，通常會形成正向循環。

兩人成為情侶時，身體中的催產素會增加。情侶間的催產素愈高，他們愈會交換肢體接觸，行為會愈來愈同步。研究團隊發現催產素也會讓戀愛關係更持久和快樂[55]。

除了接受觸碰和受他人信任之外（對，其他人信任我們時，我們體內催產素會上升），催產素分泌也和天生有關。我們每個人體內都有一定量的催產素和血管加壓素。血管加壓素是和催產素十分類似的荷爾蒙，屬於同一個演化上的生物化學機制。而正因如此，有些人天生偏好穩定的一夫一妻關係，有小孩時會更積極照顧，更富同理心，並比一般人能換位思考。我不知道你怎麼想，但我覺得

這聽起來是個不錯的人選！而這一切的關鍵就在於催產素。如果你能在第一次約會時就一眼察覺，這會有多大幫助！

了解催產素之後，下一次約會要如何運用這知識？

雖然觸碰是人際關係的美妙魔藥，但亂碰陌生人就像亂摸貓一樣，下場不會太好。你必須保持敏感，謹慎解讀情況。當然有人碰得巧，有人則亂碰一通。例如帶人走過走廊，通常碰觸一下對方沒問題。偶爾靠向別人，甚至輕輕拍背也是表達情感的好方式。不過，除了鞠躬和握手之外，其他接觸全都要看情況，也必須通過雙方同意。亂碰會造成誤解，別人會覺得你毛手毛腳，或不尊重對方的身體界線。

還有幾個辦法，能讓彼此接近，又不會踰矩並造成不舒服。你想告訴對方事情時，可以傾身靠近他，自在地拉近距離。述說同時，手也能輕輕放在對方手臂上。這能帶給對方彼此熟識的感覺。對方說到好笑的事情時，你可以笑著輕拍他手臂。有時女生甚至會開玩笑推一下男生肩膀，但男生的話，力道請小心拿捏。對方說出令你驚訝的事、你有共鳴的事或特殊私事時，也是你碰觸對方的時機點。

如果空中飄散費洛蒙，兩人沉浸在浪漫氛圍中，碰觸彼此通常非常自然。

## 成功的約會是什麼樣子？

說實話，初次見面，你我和我們的「族人」其實很好預測。催產素能改變我們的態度，讓我們善待他人，變得慷慨大方。我們會更合群和體貼，爭吵時也能更快解決。催產素是個好東西。

如果兩人都喜歡彼此，身體接觸自然而然是下一步。有時輕輕一吻就能完美加溫，有時則需要一點點踟躇。當然外頭有些傢伙熱情奔放，巴不得馬上跳上床，來場成人摔角。其他人則喜歡慢條斯理。一次邁出一步，看感情步步升級。先輕碰肩膀，到勾手散步，接著牽起手，最後撫摸臉頰。如果你一開始便放慢腳步，這時傾身親吻對方就不會令人傻眼，反而讓人欣然接受，心跳加速。

慢條斯理是好事，但感情關係呈現一條弧線，要是兩人間少了一點性張力，最後可能會被當成朋友。如果你發現兩人感情降溫，你可以靠向對象，看著對方雙眼，詢問（評論）她曾告訴過你的事。我不是說你們在一起的每一秒，都必須瀰漫懸而未決的性感氣氛，但你確實需要保有一點戀愛的緊張感。偶爾碰觸約會對象，意味深長望著對方雙眼，幽默之餘，可以帶點性暗示。仔細聆聽對方說的話，別太咄咄逼人（尤其是你們，各位男生）。維持端莊有禮，並直率表達自己的意圖。如果你的約會對象拒絕再進一步，絕不要顯得生氣或難過。

其實，既然我們聊到了，那讓我強調一下，任何情況都不要在約會對象面前生氣或難過。何必呢？我知道爛事一籮筐，但抓狂只會讓情況變更糟，因為大家會變得更提防，人一旦提防，百分之百

對你失去興趣。而且，你會變得像個討厭鬼，這樣一來，你也不可能在約會遊戲中脫穎而出。

### 成功約會要避免的事：

- 別說個不停，偶爾要停頓，並聆聽約會對象說話。
- 別全都在說自己的事。
- 絕不要提到前任，或任何你曾有過關係的對象。
- 絕不要談到你之前性方面多開放或多英勇。
- 別不回話，逼得約會對象要一直自說自話。
- 問些問題。你不是在接受訪問。你們是在閒聊。避免變成演講、獨白、訪問或任何不對等的溝通方式。
- 不要打斷別人。讓對象說完想法，留一點空白。過一會，才換你開口。
- 別談論工作的事。通常對話會因此走味。
- 絕不要喝醉上陣，也別處於無法自理的情況。
- 拜託別付不出錢。
- 別遲到。非常沒有禮貌。
- 身上別臭氣薰天。洗好澡，保持乾淨。個人衛生算是基本。記得也檢查口氣。
- 不要穿髒衣服。
- 不要一直掃視全場。專注在約會對象身上，將其他人當作噪音。

- 別東摸西抓的。隨時避免自己做出緊張的動作。

- 說完每句話，不要都尷尬笑一笑。這會透露出自己不安，對大多數人來說，不安令人大倒胃口。

- 不要談論戰爭。不要談論政治、敏感事件、宗教爭議等等。此時此地，與人爭論並不恰當。約會時，若要說有政治，那也是你圓滑待人，避免衝突。不過如果你對於某件事有異議，想要回應，那就大膽說吧。一直順著對方，雙方分歧只會不斷累積。

- 別談論錢的事。例如你賺多少錢及帳單多少錢。如果你們決定平分帳單，就平分吧，別在那邊扭扭捏捏。趕快付錢，繼續約會。如果你要請客，那就大方展現氣度，別搞得好像多了不起。你和對象彼此不相欠。

- 說話別含糊其辭，也別胡亂吹噓。

- 面對約會對象，別刻意表現。有實力的人不需要一有機會就展現。只有沒實力又裝模作樣的人才會如此。

- 別趕時間。你今天有五千件事情要做的話，別把約會訂在這天。

- 別問別人的年紀，別提到對方的體重。如果你猜得太輕，對方會覺得你在說漂亮話，如果你猜太重會很尷尬，對方也會感覺受辱。要是對方要你猜，你就說不知道，並換個話題。別問任何有關身體的問題，包括年齡和體重。

- 別當個小氣鬼。第一輪請客，並點些東西吃。別等對方請客。

# 約會後

# ♥ 施展魅力敲定下一場約會

結果第一次約會大成功！你留下好印象，全程保持冷靜，也逗得對方笑了。所以何時再聯絡呢？當然，你不想顯得太急躁，卻也想把握氣氛往下走。

有個好辦法是第一次約會時當場訂好第二次約會的時間。這樣你們兩人都能避免尷尬，也不會難以啟齒，或找不到機會開口。但如果一切落空，第二次約會時間還沒決定的話，很可惜，我也無法告訴你到底要等兩天、三天或多久。每個人的個性和情況不同，事情有太多變數。如果你和對象沒有足夠的連結，找不到時間訂下次約會，那最好盡早和對象聯絡傳訊，以免熱度消退。但如果你第一印象成功，看到他們眼中閃現光芒，那你在火花退去前可能還有一點時間。

個性和情況都扮演非常重要的角色。有人內心如火，巴不得和你卡在電梯裡；有人社交能量有限，需要更多空間。重點是聯絡時要維持禮貌，不要事先有所期待。約完會當天可以傳訊感謝對方一起度過開心的時光，或分享聊過的資訊。但如果你的約會對象比較內斂害羞，稍等對方一下，等塵埃落定。

等你們聯絡順暢之後，你會抓到彼此最舒服的聯絡頻率，有

人喜歡零星傳訊，有人喜歡頻繁聊天。記得要找到回覆的平衡，例如面對緊張內向的人要考慮對方消化的時間，四天聯絡一次可能會造成壓力。雙方聯絡時，與其讓人感到喘不過氣，不如欲擒故縱一下。另外面對這種情況，我建議可以直接說出自己下次何時會聯絡：「好，太好了，我週三再跟你聯絡！」然後星期三聊完，你就能再說下一次聯絡時間。如果你真的太興奮，等不及四天，你們就必須重新找到平衡。如果一直抓不到兩人滿意的節奏，你恐怕必須承認，兩人電波不合，不適合在一起。我不想說白，但如果你一開始便感覺像逆流而上，那這段關係不適合你。

## 安排第二次約會

一切順利時，我們通常會想再見面。如果你能掌握情況，讓大家打開天窗說亮話，那就再好不過了。我們大家現在都生活忙碌，也沒那閒功夫把行程調來調去。如果你一直改時間會讓人不耐煩，對方也會想像你和人交往就是如此咄咄逼人、猶豫不決，讓人煩都煩死了。你各位啊，從隊伍出列！積極主導。想出個踏實的計畫，誠懇又謙和提議（但保持直率）。如果行程有衝突，再提出另一個選擇。說真的，再一個就好，就這麼算單。人類天生就希望別人替我們解決問題，只要對方合理又得體，自己便能心情輕鬆地插著手，坐在椅子上點頭、搖頭。這就是為什麼在「性感」量表上，積極、有目標的人分數更高。

注意對方猶豫和迴避的答案。這可能代表對象在找藉口，或是……他們約會對象一堆，在暗自安排時間。就像疫情前，許多人會像航空公司一樣超收客人。玩咖會把沒希望對象的約會訂在同一天。「對不起，我出了點事，臨時無法過去。我有先跟你說囉！」爛透了。別接受他們把你排最後。除非他們被火車撞，或臨時家裡出狀況，不然對方就是個爛貨。珍惜你的人不會把你晾在一邊，所以如果對方口頭說好，約了個大概能見面的時間，但說當天才能跟你確認，絕對不要接受。對方是在要你。

如果答案不確定，要求對方講清楚或下個決定。你是主秀，不是備胎，所以如果對方不確定，告訴他們你那天晚上有其他事要做。以下是幾個能訂下一次約會的好方法：「我在看籃球賽，現場超嗨！真希望你也在😆」或「我在十六街和榆樹路的新餐廳。這裡都是人，啊你怎麼不在？」暗示要對方來找你，你給他們一個間接的邀請，既不會給對方壓力，又能為他們開啟一扇來見你的門。也許不是當下，但隔天或下週就有機會。這小技巧別用太多次，因為會看起來太渴望和對方相處，但偶一為之，效果很好。


## 被放鴿子

你精心打扮一番，確認自己口氣清新，穿上平整的襯衫，刷白牙齒，認真梳理頭髮。你做好約會的心理準備，想像各種你說出口會臉紅的情境。正當你穿上大衣，準備出門，叮！喔！新訊息！

「嘿，你好。對不起，我今天不能去了。」

靠。

下面還有一大段，但你已沒心情去看。你被放鴿子了。你心情沉到谷底，像從廚檯落下的一塊生牛排。也許他地下室的管線爆了，或國安局找他去出祕密任務，但顯然你和他的機會不大。你心中全是失落，深吸幾口氣，一字字打出回覆。這一刻，最重要的是不要大發脾氣。這件事很爛，沒錯。他們很爛，沒錯。你心裡很痛。但我們全都被放過鴿子，也都被冒犯過。長篇大論發洩怒火、直接開酸或哀求他解決事情來見你，這三個選擇都是錯的。只要隔一段時間回想，你就能從全新的角度看待這件事，並發現情況其實沒那麼糟。總而言之，他放你鴿子之後，你必須有禮回覆他「沒關係」，而我至少能提出兩個理由。首先，雖然你很期待這次約會，但你生活很豐富，**你的快樂不是建立在等他之上**。另一個理由是，**這樣能展現你是個通情達理的人**。如果他腦袋清楚，會發現自己冒犯了你。而這白痴錯過一個品格高尚、善良大方的對象。展現耐心，以禮相待，讓自己擁有更好的名聲。

回覆時可以包括以下元素：

♥ 讓他們知道，他們取消約會沒關係。
♥ 問他們要不要約幾天後的時間（但別因為這次意外，急著安排自己的行程）。
♥ 希望他們晚上愉快或祝他們好運。

生活豐富有趣、複雜刺激的大忙人感覺更有吸引力。如果讓對方覺得你只是架上的一顆馬鈴薯，無處可去的話，你感覺就不有趣了。如果她態度翻來覆去，老是取消約會，你又總是隨傳隨到的樣子，她遲早會不把你當回事。

但如果被放鴿子對你來說是底線，她取消其實也許是件好事，別當壞人惡言相向。你是約會界的崛起之星，讓對方看看專業的約會仔賽後如何與對方握手。愉快優雅向她道別，然後將這回憶從腦中永遠刪除。

你在現實生活被放鴿子時，以下是我給你的幾則具體建議：

### 如果他們「太忙」

> 嗨，艾瑞克，沒問題，我知道你剛好有事。我接下來幾天都沒空，但這週末還有時間，如果你想改到那時候也行。祝你今晚快樂！

### 如果他們給你一個理由

> 沒關係，我懂。我希望事情一切順利！我這週接下來很忙，但看之後還有沒有機會。去吧！

### 如果他們沒給你理由

> 沒問題，這是常有的事。我們可以再約下週。加油喔！

**如果你受夠對方**

> 好！祝你今晚愉快，生活也一切順心！

**如果他們放你鴿子不只一次**

> 嘿，馬丁，你今晚又沒空真可惜。你未來如果要取消，希望能提早一點跟我說，這樣我比較好安排。祝你今晚愉快！

## 你必須放他們鴿子的情況

　　事出意外。有時你會是那個臨時取消約會的混蛋。希望你能提早告訴對方，但有時你不得不最後一刻取消。你錯過渡輪、你的孩子生病了，誰知道？事發之後，有幾件事必須注意：要道歉，並表明你很珍惜彼此的時間，讓他們知道你多抱歉，並讓他們知道你為何無法赴約。

　　取消的方式有好有壞。例如：「嘿，尼可，對不起我不能到了。」光是這樣恐怕不夠充足，對方只會滿頭問號。但像這樣就誠懇多了：「嘿，露西安，真的對不起，但我工作死線提前了。」、「我姊姊出了點事，需要我今晚幫她照顧小孩。」或「我好像感冒了，改天好嗎？」這樣的話，對方就不會納悶你為何取消，同時也告訴對方，這不是針對你，你對他們沒有失去興趣。還有一點很重

要，你可以當下直接和對象重新約個時間。像以下這幾個例子：

> 哈囉，艾歷克斯。對不起，我早上起來頭好痛，今天可能要在家休息。但我真的很想見到你，也很期待我們的約會！我們改成星期六晚上可以嗎？

> 克里斯，嗨。真的對不起，但我老闆要我工作提前完成，我必須在店裡多留幾個小時了。我原本都準備好今晚要跟你見面了，真的很衰。希望你能原諒我，星期五晚上你有空嗎？我家的附近街角開了家新的餐廳，大家都說很好吃。不然我請你吃一頓晚餐怎麼樣？

## 他們對你冷淡怎麼辦

> 嗨，你好！

> 嗨

> 你都好嗎？

> 還不錯

> 你今天過得怎麼樣？

> 還行

無、聊、死、了。你過去一定有過同樣的對話。她有回覆不代表她有興趣。她可能只是禮貌而已。跟陌生人聊天已經夠難了，要從幾個字的回覆中擠出話題更難。但這不代表路到了盡頭！我有幾個妙招，能利用問題逼出更複雜的答案，讓對方搖起尾巴。例如，與其問他今天過得如何，不如問他今天發生最好的一件事是什麼，這能逼他給你具體的答案。問她週末有什麼計畫，大家通常會很樂意分享自己的計畫。她的回答會透露她到底有沒有興趣。如果答案還是像擠牙膏一樣，試試看換個話題。例如：

> 所以你們接下來旅途還做了什麼？

我們租台車，開一小時到葡萄園。

> 真好！葡萄園怎麼樣？

滿有趣的。

> 所以你最喜歡哪一種酒，為什麼？

他喜歡酒？那我們就來聊酒。酒、葡萄、產地、搭配的食物⋯⋯關鍵是找到你朋友喜歡的事物，繞著話題聊。找到主題，就順勢聊下去。

另一個方法是回頭聊之前的主題，像音樂、運動、電影等，看你之前聊過什麼。只要有相關的新內容就好，例如：「我終於去那家店了。你說得沒錯，店裡的貨好厲害！」

# 字詞

有的字詞讓你感覺不有趣、沒勁或冷漠。其他字詞會讓你感覺積極上進，能把事情完成。

## 避免的字詞

- 「也許」
- 「我想也是」
- 「反正最後……」
- 「好啊……」
- 「隨便」
- 「都可以」

基本上避免用模糊的字詞，尤其如果你打算再見面的話。猶豫、模稜兩可、含糊不清的字詞會顯得你沒想法和意見。反過來說，你可以選擇能清楚表達自己的字詞，展現正向態度和決斷力。

## 推薦字詞

- 「沒錯」
- 「當然」
- 「對啊」

- 「聽起來不錯」

- 「太棒了」

- 「好啊，沒問題」

- 「那我們明天見！」

- 「沒想到你也喜歡溜冰！我超喜歡！我家附近大概五公里處有個溜冰場。不然我們下次約那裡怎麼樣？我可以開車去載你，你週二晚上有空嗎？」

- 「這個我們要找時間好好聊一聊。我們去葛蘭德大飯店吃早午餐聊，你覺得怎麼樣？我請客。」

# ♥ 何時該再見面？

假設你剛度過不可思議的第一次約會，對方留下極佳的印象。第二次約會時間何時最好？重要嗎？

## 善用重複曝光效應

戀愛有時不像你想得那麼神祕，在我著作《為什麼我們這樣想，那樣做？》[1]中，我引述了匹茲堡大學理查・L・莫蘭（Richard L. Moreland）教授的一項研究[2]。莫蘭要求受試者男女看照片中四名分別標為A、B、C、D的女性。之後，他們要回答幾個關於這四個女性的問題：她們多有吸引力？受試者會有興趣和這四名女子相處嗎？他們願意和她們當朋友嗎？外表上，四名女子看起來是「普通」大學生，年齡都差不多，一般來說算清新好看，和其他學生一樣穿著輕鬆休閒的服飾，彷彿就是「隔壁同學」。

而她們其實也真的是同學——至少其中三人是如此。A女子不曾出席莫蘭的課堂，但其他三人都曾來課堂上聽講。她們在上課幾分鐘前出現，緩緩坐到前排座位，課堂中靜靜做筆記。下課之後，每

個女子都靜靜收拾東西，和其他同學離開教室，其他學生對於莫蘭的安排毫不知情。

但還有個小差別。實驗有個重點：每個女子出席的課堂數不同。A女子完全沒出現在課堂中，B女子出席5堂課，C女子出席10堂，D女子出席15堂。

所以莫蘭教授的研究結果為何？

根據每個女子出席的課堂數，實驗評量中出現相同的現象：女子愈常出現在課堂上，她們會愈顯得有吸引力。D女子（15堂）評價最美，接著是C女子（10堂）、B女子（5堂）和A女子（無）。經常看到對方，會讓我們對對方有好感。那不是指出席15堂課的女子比其他三人長得美，研究選擇她們是因為一般人覺得她們樣貌相當。而學生在課堂中從未和任何一名「女子」認識。她們確實都有在課堂上，但不曾和人進行語言和非語言交流。

曝光會增加接受度，不只在大學課堂上，這件事已在上百項研究中證實。無論我們是在談論服飾、用詞、汽水品牌、廣告，全都回到同一個原則：我們愈常看到一個東西，我們會愈喜歡。研究者將這現象稱作**重複曝光效應**（mere-exposure effect）。不可思議的是，我們非常健忘。研究者問莫蘭的學生是否見過照片的女子時，幾乎沒人記得她們。研究者向受試者說出實情之後，並問他們對實驗結果的感受，他們通常回應：「真的假的？看某個人幾次會讓他變更有吸引力？是嗎……我很懷疑。」

但他們錯了。這件事千真萬確。

你知道我想告訴你什麼，對吧？如果你想要有火花，一定要讓

對方看到你！可以見面、講電話、確定他們看到照片或動圖。同時要小心，因為如果你只是喜歡「純」約會的話，你重複出現會害約會對象變得太黏你。但也可能是機會，端看你的目的。

而且拜託，不要疲勞轟炸！偶爾傳張照片，沒問題，但逐一報告生活瑣事會嚇跑別人。**關鍵是維持曖昧不明。**


## 所以要隔多久再傳訊？

第一次約會時，這人留下好印象，你不想讓他從指縫溜走。但你也不想讓他覺得你太黏。關於聯絡時間有建議嗎？當然，你可以乾脆等他傳訊給你，但即使如此，你要等多久回覆？

本節將全面探討所謂的時機。

昨晚順利的約會之後，你的手機中午響起，你瞄了一眼。他寫說：「昨晚謝謝你！真好玩😊我想再跟你再出來玩，你覺得呢？」你心跳加速，直覺馬上把字打一打：「當然好！昨天晚上超好玩！！！我等不及了！好想現在見面！還是我們今晚再見面好了！」

——停！

這是我要告訴你的訊息：「不要傳這訊息。」我不管你有沒有每句都用驚嘆號，重點是你回覆之前，一定要冷靜下來。我們都懂——我們都有過這種心情。熱情獲得回報，你自然會感覺很開心！但你必須收拾心情，冷靜下來再回覆。不論你在吃飯、做瑜珈

或修剪樹枝，先把事情做完。你沒有沉入汪洋，他們的注意力也不是浮木。世上沒有神祕的必勝回覆時機，只要自然看何時有空回覆就好。聊天只要能配合彼此的節奏，就能創造很好的氣氛。他們三小時之後才回覆？你自己也等幾小時，再回覆他們。有時你們剛好有空，來回傳訊一會，然後有人手邊有事，聊天暫時中斷了。這種情況發生時，不要像機關槍一樣傳訊。你會讓人喘不過氣來，太黏人也不性感。保持友善的來回關係：你傳訊、她傳訊，來來回回。如果你打了一大堆訊息給她會破壞和諧的振盪。我們彼此生活忙碌，也不是在找筆友，所以故事太長乾脆別打了，等見面再說。

個人而言，我覺得傳訊像是訂約會的工具，目的是在約會之間的空檔保持火花。如果和對方傳訊交流花太多時間，占據生活一大部分，那為何要停在這一步？

如果幾天過去，你咬著指甲，期待對方快點射來另一隻箭，而他們遲遲沒回覆，你可以傳去第三個，也是最後一個訊息，並把手機拋到一旁吧。你在沙漠中種不出香蕉，肯定自己的價值，別熱臉貼冷屁股。**值得相處的對象一定會尊重對方的感受**。

# ♥ 用文字搧風點火

| 無聊 | 有趣 |
|---|---|
| 在幹嘛？ | 人生愈來愈有趣了。我剛整理好車子，暑假想來趟公路之旅，副駕駛座還空著……你想來嗎😉？ |
| 想找個時間出來玩嗎？ | 我朋友放我鴿子，我週六多一張公牛隊比賽的票。有興趣嗎😊？ |
| 我在看電視 | 我看到你的限動！聽起來超級瘋狂的！有機會真想在現場…… |
| 好。 | 聽起來不錯。但我去之前至少要穿個衣服吧…… |

這章的標題也可以是「好訊息／壞訊息」。

你可以問「你今天過得好嗎？」或「在幹嘛？」，你也可以回答「很好」或「吃晚餐配電視」，但簡短的回答無法讓人延伸。

有無數方式能讓回答變得更有趣。你能激起別人的好奇心，創造興趣，引發他人正向的回答。你甚至能色誘別人。用你的話語來描繪場景，打造氣氛，說些聰明的話，或逗笑別人。如果你不會說話，那說些有趣的經驗，甚至問有趣的問題，讓對象告訴你他們精采的故事。

好，在你開始像莎士比亞再世，埋首苦寫之前，花點時間考慮一件事：你想表達的是什麼？

如果你不小心，傳訊可能會變成適合傳給朋友和家人，而不是與你談情說愛的對象。太過熱情，尤其在約會初期，像在慶典丟五彩色紙一樣丟太多愛心或驚嘆號，可能會因為太熱情而把別人嚇跑。這跟傳訊給新朋友不同。如果對方是稍有保留的好人，他可能會覺得自己必須回應你的熱情，那他就會覺得很尷尬。你要避免自己太極端，嘰哩呱啦或像機器人都不好。當然你希望能突顯自己的個性，但你也必須拿捏恰當。也許你是個能量高、表達強的人，超愛用驚嘆號和表情符號。你想做自己，但你也必須考量到每個人都不一樣，太過直接恐怕不會受人喜歡。

與其傳些聽起來像「嗯嗯」的字詞，比如「唷」、「你好」、「最近好嗎？」，不如傳些逗人笑的話。同時訊息要簡潔明瞭（像自介一樣），散發溫暖的感覺，增加吸引力。訊息要讓對方容易回答。現代人生活忙碌，如果對話太難處理，他們可能會一直懶得回，或可能要喝杯咖啡才能回覆……

總而言之，要注意訊息能載舟亦能覆舟。話雖這麼說，可別矯枉過正，變得字斟句酌，大費周章分析對話。如果你手裡拿著手機，就相信自己的直覺吧。只要時時提醒自己目標為何，並從對象

的角度看情況。除此之外？保持真實。做你自己。


## 專業傳訊

傳訊要專業，我建議以下五個步驟：

### 一、檢查和編輯

你想說的話明顯嗎？自動選字有來亂嗎？你語言正面嗎？還是有可能聽起來像你在酸，或說反話？你傳出去之前，多花一秒閱讀你的訊息。你甚至可以大聲唸出來，重點是避免事後傳訊更正，因為（就算多傳的訊息沒問題）連續傳訊會讓人覺得應接不暇。而且選錯字會讓人覺得你不聰明[3]。訊息先潤飾一下，這樣對象才會看到你的腦袋，而不是笨拙的手指。

### 二、講究細節

訊息中的小細節會勾起別人興趣，也可能讓人對你失去興趣。例如用驚嘆號你的對象更有可能回訊息。但如果你連用好幾次，效果就適得其反，沒多久，標點就喧賓奪主。句點呢？傳訊時除非必要，句點就不用了。標點符號警察沒在盯著你手機瞧。句點甚至會給訊息冰冷的感覺，像你想結束對話。最完美的例子如以下兩者的差別：

好　vs.　好。

你真的需要句號嗎？如果你不確定，就刪了吧。不過，每次問問題，一定要記得加上問號，不然會造成誤解。

## 三、幽默感

我們喜歡好笑的人！但你在開玩笑時，小心變得失禮和不尊重。最安全的方式就是重新提起你們之間的內梗。讓對方逗笑你，贏得你的笑容，此舉也能提高兩人之間的期待，而幽默感此時就是最佳工具。但如果你跟這人不熟，避免敏感和禁忌的話題（這裡就要拿出約會的智慧，不要討論宗教和政治）。不過只要沒踩到別人腳趾，可以試試逗笑對方。

## 四、用語言描述出畫面

用視覺語言讓文字變得更有趣、更有活力。不要只問「你今天如何？」，你可以寫類似「告訴我你今天做了什麼！我今天想到你昨天說花栗鼠和蛋的事，還是覺得好好笑」的話。每句話都能關於對方，或讓對方感到有趣。簡單的文字像「嘿！」和「你好！」無法表達你多特別，但花點時間，寫一些幽默、有創意或個人的話，更能引起他們的好奇心。描述生動的話，對方會更容易想像你告訴他們的畫面，你也會顯得更有趣。負面詞彙會扼殺許多浪漫的機會，所以難過的事暫時留在一旁，創造溫暖的氣氛。製造一點懸念！留下一點小訊息，讓他們更投入。別搞得你像神祕兮兮或欲擒故縱，用一點暗示，讓氣氛更活絡。如果你馬上把你的故事說完，他們就沒理由再回來找你了。選擇你願意分享的資訊，檢查自己訊

息說了什麼，並察覺何時結束話題，才不會失禮。

### 五、保持正向

　　成為樂觀、親切和好心情的來源。成為山丘上的燈塔，成為她迫不及待想聯絡的那個人。表現出你能聆聽對方，並在意她的感受。保持輕鬆，讓你的訊息展現出你很聰明、積極和有趣，並有能力完成事情。保持同情心、好奇心和溫暖。你希望她看到訊息時，臉上能露出笑容。我那天在應用程式和一個男生傳訊，聊到我們當下在做什麼。他說他正在做食物，準備這週的便當。從他傳的訊息，我知道他看過我的自介，並提起我寫的內容。這讓我臉上不禁漾起微笑，認真做菜的男子馬上贏得了和我約會的機會！

　　你想讓別人覺得，你的生活充實，心靈富足，你不需如坐針氈，等他為你帶來幸福。你不需要提起自己在和前妻或前夫爭取和孩子見面，或你肩扛巨債，無法向銀行貸款。那些話適合在辦公室和同事抱怨，但不適合向談戀愛的對象提起。我們終究需要向人說到我們沉重的掙扎，但那不是第一次約會後傳訊的話題。感情關係早期聊天不該這麼沉重。你們在現實生活見面時再處理沉重的事情。如果你心情不好，你永遠可以在中途說：「對不起，今天有點累。我們明天再繼續聊好嗎？」你也許可以隔天約對方喝杯咖啡，不聊風花雪月的事，進入更深刻的話題，為兩人關係打開更深入的機會。聽起來也不賴，嗯？

## 傳訊方程式

按下傳送之前，確定你的訊息能通過「檢細笑描正」評量，這項評量主要有以下五項標準[4]：

- 檢查——傳訊之前，請好好檢查並編輯內容
- 細節——細節很重要。用訊息的細節來讓對方上鉤……
- 笑聲——笑聲總是能讓人開心
- 描繪——用文字好好描繪畫面，讓對方想像力奔馳起來
- 正向——正向的態度能讓你更有吸引力

# 用文字訊息保持火花

「這週末想喝個飲料嗎？」

兩分鐘過去，仍沒有回音。我應該在句末加個表情符號嗎？還是不該寫「飲料」，應該要寫「喝杯紅酒」？心中響起百萬個「早知道」——你的腦袋就是不肯閉嘴！經過難熬的好幾分鐘，你突然收到寶貴的回傳訊息：「當然好😊」

呼……

你鬆口氣兩秒鐘，腦中突然又展開另一場轟炸：我要提議時間和地點嗎？還是我要故作冷靜，等她邀我？我要等多久才要回覆對

方？她是認真的嗎？還是只是說說而已？

傳訊確實改變了我們約會的方式。我們假設你已經習慣和某個人天天傳訊：

「早安！」

「你今天又鬧了什麼事？」

「我剛才看了一部很屌的紀錄片，內容關於竹節蟲的求偶過程。你看過嗎？」

後來同一天下午，他們突然失蹤幾小時，你心裡充滿不安，一分一秒都是煎熬：出什麼事了嗎？我把對方嚇跑了嗎？我太煩，還是太愛回？還是太不愛回？對方氣我嗎？對方背著我跟別人聯絡嗎？

你真的需要一直這樣聯繫嗎？你開始對人有感情時，傳訊會變得充滿壓力，因為你不知道對方的心情。每個字和表情符號彷彿都象徵著對方對你的興趣。所以你一定要懂得如何好好寫訊息，即使你正在意亂情迷的當下。請記得一點，不久之前，人類通常要等上好幾個月才能聽到彼此消息，但他們還是能在一起生小孩，傳宗接代。所以不要一有風吹草動就驚慌失措，放下手機一會無妨。

我想讓你了解的是，和對象傳訊不一定是中性的。你基本上是在搧風點火或澆熄火苗。傳訊比起講電話更容易產生誤會。傳訊時你全靠文字，而且無法靠非語言方式溝通，你甚至無法停頓，或像講電話一樣藉口氣表達。你只有文字，如此而已。單靠文字，你要如何表達你豐富的情緒和你思想的深度？你怎能確定，他們能解讀出你內心的意思？對方有自己的偏見、期待、經驗和對你的不確定

感，因此透過這一層，文字很容易被誤解。文字傳達不出情緒和溫度，經常無法傳達真正的意思。傳訊時情緒受語言限制，無法用笑容和手勢能幫助我們強調和暗示。

捫心自問：如果你收到訊息，你能知道這訊息在說什麼嗎？如果你寫了一段複雜的長文，不如改短一點，後面再加上：「你有時間聊幾分鐘嗎？」一般而言，你寫得愈少，造成誤會的機率愈低。髒話或敏感字詞基本上要避免，而且講事情別含糊不清，簡單明白最好。如果你處在會影響關係的衝突之中，等你冷靜一點再說。讓心情沉澱一、兩小時，這樣你才能思考訊息會造成的結果。

### 我過得很快樂，你的訊息讓一切更好！

傳訊傳得好的話，能加強你和約會對象的關係。下一場約會前，兩人有一陣子無法相見時，便能藉調情和玩鬧延續火花。

透過文字，最好的出發點是表達你的生活過得很好。你不是在找尋快樂，你是希望能分享快樂。聽到她的消息，讓你一天天變得更好了！對方會欣賞這樣的態度，你也會變得更有吸引力。以下是兩個好例子：

「我過得很好，收到你訊息讓我更開心。」

「聽到你的消息我太開心了！我希望你今天過得跟我一樣好玩！😊」

# ♥ 　你對於 🩶🩶🩶 有什麼感覺？

如我們之前所討論，人類溝通同時有語言和非語言兩種方式。

我們現代絕大多數是透過訊息聯絡，傳訊時，你多半只能運用文字。少了非語言溝通方式，你無法露出淡淡笑容、溫暖的表情和適當的點頭。以社交互動而言，訊息很扁平，缺少語氣和表情，很容易受到誤解。

文字的缺點是缺少非語言元素，因此出現了替代的發明。其中之一就是表情符號[5]。

## 表情符號能增進關係嗎？

運用文字符號來做表情從打字機時代就開始，但第一個表情符號像「:)」和「:-)」正式誕生於西元1982年，當時卡內基美隆大學人造智慧學者史考特・法曼（Scott Fahlman）在早期的線上論壇中，在文章加上「:)」，表達自己是在開玩笑[6]。最後一間日本公司將表情符號化為我們今日最熟悉的彩色表情符號。

表情符號讓網路上的情緒更清楚，減少誤會的可能性。你可以

讓文字變得更溫柔，加入溫暖和幽默，確定語氣，表達你真正想述說的情緒。

以挑動對象的情感而言，你選擇的文字仍是主角（不包括只有表情符號的訊息），但表情符號能達到畫龍點睛的效果[7]。正向的表情符號能加強正向情緒[8]，負面的表情符號能加強負面情緒[9]。講壞消息或要求對方做事時（不算是真正負面的事），你可以加個正向的表情符號，緩和語氣，讓人感到不那麼尖銳。如果你想感謝、稱讚、恭喜對方，或正向回應對方和祝對方好運，表情符號都能加強你的訊息（研究者實驗中用了😊、☹、😉和😜）[10]。

研究者將其分類為**面部表情符號**和**非面部表情符號**，兩種符號通常都出現在句尾[11]。面部表情符號研究很完整，能像真實表情一樣，直覺喚起我們的感受。即使是非面部表情符號（🎧✂️⚠️🚗🚲️🔪🐩）也能釐清我們的意思，幫助減少誤會的可能性。它們也仍能或多或少表達情緒，尤其是表達快樂[12]，緩和負面訊息[13]，帶有點調皮的味道[14]。但如果你的主角是情緒，那面部表情符號就是你的重武器（也研究得更透徹）[15]。


所以我們來為表情符號下個小結論：表情符號能促進溝通，讓意思更精確有效。表情符號是非語言溝通。我們不能見面，只能傳訊時，特別有價值。善用驚嘆號和引號也是加強表達的好方法。這種小技巧，能強化表達的內容和情緒。表情符號能淡化負面感覺，傳達正向情緒，相較於純以文字表達，能影響大腦不同的位置[16]。

使用表情符號有幾個小訣竅：

- ♥ **就像對所有人都說「我愛你！」一樣，表情符號如果過度泛濫，最後就會失去意義**。它們就像香料，不是米飯。第一次約會後，傳 🖤🖤🖤 或其他充滿情緒的表情符號會把對象嚇跑。

- ♥ **與其組織一串複雜的表情符號，不如想些簡單的表情符號組合**。雖然是品味問題，但通常「少即是多」。不要稀釋表情符號的力量。

- ♥ **記得鏡射**。用表情符號時，頻率和風格跟約會對象一樣的話，會讓他們覺得與你更親近。你也可以做自己（例如如果你覺得他們像上面一樣亂用表情符號的話），當然對方想不想學你，就看他們決定。

# ♥ 四種最好的訊息

　　感情關係有好幾個階段，我朋友約翰把感情完美比作斯堪地那維亞的四季。第一次約會前的時期叫**起始階段**，和瑞典春天一樣。別眨眼，否則這階段稍縱即逝。第一次約會之後是感情的**初步階段**，你們開始認識彼此，這時就像北歐的夏天。時間變長了，可是仍然太短，你永遠不知道自己會有什麼收穫。也許你純粹受他外表吸引，也許對方人間蒸發。**求愛階段**是你們正式交往時，這時就像北歐的秋天，格外美麗，但總覺得來得讓人措手不及。秋天可能會有幾場風暴和寒流，認識彼此的磨合期，對雙方都是個挑戰。但到了第四個階段，追求期很快只剩追憶，兩人進入**長期關係**，那就像斯堪地那維亞的冬天，可能會永遠如此。兩人面對現實生活時，你們會自然舒適的相處，隨遇而安，盡力而為。但堅持下去，季節周而復始，春天將會再次回來……！

　　我們談過第一次約會之前和之後的事。你們成為情侶之後，便進入第三個階段，兩人關係受生活的潮汐侵蝕之後便會進入最後階段。有時這幾個階段會平順度過，有時你們會面對大風大浪。但慶幸的是，只要善用溝通技巧，你更能掌握感情的結果。數位時代下，我們大多數都透過文字溝通，尤其是傳訊。本章節會教你如何改善傳訊能力，避開潛藏的危險。

## 建立我們感情的文字

　　約會時，兩人仍在摸索是否該成為我們。我們的聯絡（通常是以文字傳訊）應該要著重於引起對方興趣，創造正向張力，培養溫暖的感覺。你的訊息應該要讓對方很開心聽到你的消息，讓人感覺你很有魅力，來吸引對方。如果你讓關係到另一個階段，那你就必須秉持此概念，運用技巧幫助你達成目標。

　　文字溝通時，最重要的是要選對字詞。一開始簡單明確，再慢慢聊到實質的事情上。總之，要了解約會對象需要時間，所以讓事情循序漸進。避開過於情緒化或沉重的話題。說真的，傳訊要輕鬆、好玩和有趣。無論你們第一次約會如何，記得主要目標：讓這隻愛情小蛾繞著兩人的火苗打轉（同時千萬不要讓對方覺得自己非他不可）。傳訊要和他配合，找出這支舞的節奏，跟隨彼此的步伐。你的個性會藏在文字之中（沒錯，你的對象默默在觀察你），這會影響你們未來的相處。如果你傳了太難過、黑暗或奇怪的話，那道門可能永遠關閉。所以好好說話！

　　我們想像一下，你和這個新女生見面一陣子。你們一起出去四次，一切順利。但後來她的訊息愈來愈少。你問她怎麼了，她只說她最近很忙。也許是吧，但她在社群軟體上還是有貼文和留言，套句話說，你嗅到一絲「狗屁」的味道。你覺得被她拒絕，心裡受傷，你好想傳訊酸她和指責她。

　　別這麼做。

　　你的目標應該是讓她想念你，或更喜歡你。你應該要寫出讓她

情不自禁想回覆的訊息。這可能有點難。總之即使你心情受傷，看事情每況愈下，滿心焦慮。你的訊息也別搞得像在哀求她回覆。但也不要表現得很冷漠，好像你沒注意到她的改變。

打下訊息之前，先花時間看一下上次聊的內容。她沒回覆什麼？是你的訊息太複雜，要花時間閱讀，還是難以理解？你是不是傳了讓她工作時無法思考的內容？這裡有個小訣竅：傳一個根本不需回覆的內容。或分享一些令人興奮的新聞給她，沒別的意思。另一個策略是問一個有趣的問題，不難回答。記得一點，**大家喜歡簡單的訊息，也珍惜寶貴的時間，所以訊息要輕鬆寫意**。如果她沒馬上回覆，別疑神疑鬼。她可能在字斟句酌，甚至有讀寫障礙，需要時間檢查有沒有打錯字。即使「你如此完美」，但也許她只是今天過得不順，索性關機了。大家生活忙碌，充滿挑戰和責任，所以有耐心一點。

以下是所謂「輕鬆寫意」的意思：「嘿！喬登！今年春天天氣好舒服，希望你享受生活！我問你喔，我朋友要去米蘭度假，你之前說你跟米蘭很熟，你有推薦的餐廳嗎？」或這類訊息：「你好！最近好嗎？你之前提到有個網站有一篇關於流行心理學的有趣文章。你還找得到連結嗎？週末快樂！」你們還在衡量彼此，考慮進入關係，別玩遊戲。與其傳令人困惑和不解的訊息（複雜的訊息會把所有人逼走），不如傳簡單又和對方相關的訊息。別傳太多訊息（不該占用對方時間），避免無聊或擾人的主題。不管你自己開心還是難過，你傳訊時還是要當個有趣和正向的人，懂嗎？如我之前所說，你可以提起過去聊過的事，讓對方感覺你對對方有興趣：

「你跟父母吃飯開心嗎？」或「你輪胎換了嗎？😊」這代表你有用心聆聽，並想著對方。中性的訊息像「你好嗎？」或「最近好嗎？」太不特別，試著讓對話變得樂觀。給你一個好主意：你們可以聊些假設的情況。聊假設情況很好玩，也能讓我們心情好起來，同時能告訴你約會對象幻想的未來。像是：「如果你中樂透，贏五百萬，你第一件想做的事是什麼？」諸如此類。

別馬上表現出來，但你能慢慢展現感性面：「我剛才在電台聽到一首歌，就想到你……」或「我真的很高興我們遇到彼此。」通常這也能讓對方敞開心胸，談論自己的感受。提起關於對方的小觀察，表示你用心了解對方，並喜歡對方哪一點。你能感受許多小事情，像是他們工作道德、有魅力的特質、對生活的態度、大方的氣度、對興趣的熱情、訓練操守、善良、對孩子的愛、生活其他方面的熱情甚至和父母的關係：「我覺得你每個月帶你爸去釣魚真的很感人。」或「我聽到你對舞蹈課的熱情，真的讓我更有動力！」

## 關於傳訊，你想知道但不敢問的一切

情侶愈常用文字表達兩人對彼此的付出和愛，他們在現實生活愈少出現衝突[17]。注意到我說「情侶」。你們關係還沒到那，但生米煮成熟飯時，要記得這件事。

收到伴侶表達付出的訊息，無論男生和女生都會更願意付出[18]。像這種鞏固愛意的小舉動，能讓兩人關係更緊密，也感到更安心。

當我們知道伴侶感到愛、溫暖和感情，能提升我們的幸福感[19]。其實，研究者甚至建議夫妻諮商師指示夫妻向彼此傳正向訊息，增進彼此關係[20]。容我再次強調，和喜歡的對象傳訊時，一定要謹慎選擇訊息的字詞和主題。訊息會大大影響你們走入未來時，兩人相處的氣氛。

傳訊給特別的人時，需要考慮的事：

♥ **別讓傳訊成為你們唯一的溝通方式。**擠出時間講電話，經常見面也很重要。
♥ **注意自己如何說話。**保持正向，好好選擇字詞。
♥ **如果出現衝突，解決問題之後，盡快講電話和見面。**
♥ **花時間相處時，專注在當下，注意力放在對方身上。**想像電話有輻射，會汙染浪漫關係[21]。

## 約會早期四個傳訊關鍵

以下是傳訊給對象時必須考慮的四點：

### 一、問題

好好了解對方。丟問題是個好方法，但要記得你不是在審問別人。「釣魚感覺是很好玩的休閒娛樂！你怎麼開始的？」、「我每週五都會去跳舞。真的很喜歡！你喜歡什麼？」、「你最近看的最

有趣的影片是什麼？」

## 二、訂下約會時間

　　早期傳訊重點其實就是見面約會。但有的方法是死路一條，像：「有空要不要出來玩？」或「我週末有空。」這種沒頭沒腦的邀約，我只能說祝你好運。最好事先有個計畫，像是：「你週四要不要吃晚餐。就上次提到那家感覺不錯的維京咖啡館？」或「週五我家附近公園有個戶外音樂會，想跟我一起去嗎？」這些訊息代表你有清楚的戰鬥計畫，軍隊準備出擊（畢竟每個人穿上制服都很性感，對吧？）展現出態度果決、目標明確的一面能讓自己更有魅力。想出驚喜、特別甚至兩人獨有的行程能創造回憶。喝杯咖啡是不錯，但我猜你的對象從來沒吃過鹽醃麵包。如果你覺得該換她想行程，至少要清楚表達，你想和她見面。例如：「跟你聊天我真的很開心，期待下次再跟你約出來玩。」

## 三、幽默

　　大家都說笑能讓人長壽。可以確定的是，我們喜歡跟快樂的人相處。如果幽默是你的特色，先確定你的幽默有效。你的「性暗示」很清楚在開玩笑嗎？回頭開以前的玩笑通常很有效，尤其前一次約會聊過的事。拜託別開下流、骯髒或噁心的玩笑（如果你打算走偏鋒，至少先「察言觀色」）。玩笑不要太過分，不是所有事都是笑話，每句都能打「哈哈！」或😜。想像如果你寫「我很喜歡跟你聊天」並加上😆，這句話會變得令人困惑。別忘了動圖，尤其對

話停有點太久的時候：

（好啦，這是一本書，但你想像我剛才傳了一張美國總統拜登跳霹靂舞的動圖）

「這是我想到我們上次約會的樣子！」或「這是我工作一整天，終於下班的樣子😄」

## 四、正向、自信和對生活充滿熱情

「記得我提到的公司簡報嗎？我剛才講完了！終於自由了，好想跟大家說！希望你今天也過得很順利！」這樣的訊息反映你對生活充滿熱情。2012年，石溪大學發表一篇論文指出，對生活充滿能量和熱情的人感情關係通常更好[22]。論文研究者蘇珊・克勞斯・惠柏恩（Susan Krauss Whitbourne）表示：「如果你希望感情多點熱情，那將能量放在興趣、工作和政治活動上。」對生活的熱情能感染到感情關係，所以不論你熱情放在哪，享受那股能量，並從中獲得力量。

這類訊息能表達你是什麼樣的人：正向、有企圖心、執行力強並充滿自信。保持正向態度，不管你在分享成就、為對象打氣、分享美好的一天或甚至對生活一切表達感激，都記得用能表達喜悅、熱情和信心的字詞。「也許人生其實沒那麼糟！」，這份感覺絕對能感染他人，沒有疫苗能抵抗。收到訊息的人可能會覺得：「我在這樣散發快樂和喜悅的人身旁，很難想像人生會多苦！」

別以為你的一點關懷只是個餌，只要關係繼續下去，就必須一直做。一點鼓勵、稱讚和溫暖的關懷都能讓關係向前：「你今天要

開那場重要會議吧，我有記得。加油，衝啊！」但要注意不要只有你一廂情願，例如你不斷帶來力量，對方卻老是發牢騷，那最後就會出問題。如果讓感情往正向發展的責任全落在你肩頭，那你面對的是一場毀滅的關係，你對生活的熱情終究會凋零。我們不知不覺都扮演著同樣的角色，而在一段感情中，這種情況陷得愈深，事後要爬出來便更辛苦。

## 要避免的訊息

我們討論過文字訊息的重點，我也建議要避免以下事項：

### 一、長訊息

長訊息會澆熄熱情。大家會覺得無聊、難以讀懂或分心。

### 二、酸言酸語或生氣的訊息

「反正你高興就好。」或「好啊，所以你有空跟朱利歐和麥克喝酒，跟我就沒時間見面？」哎唷！肯定沒下文了。這種訊息會讓人覺得你很負面，又愛吃醋。你喜歡喝酸啤酒是一回事，但在感情中酸溜溜的，只會讓關係走味。我們都是人，有時當然會想找碴或生氣。最常見情況是覺得自己沒被放在心上。但自己難過就好，絕不要酸溜溜回覆別人。暫時別跟這人聯絡，別理他。不聞不問是個有效且有力的辦法。如果你讓對方好好想一想，敏感的人就會察

覺。但這不只是欲擒故縱，也是給自己機會冷靜下來，仔細思考，等面對面再聊。你的感受是你的感受，但一味發洩情緒不會有任何好處。想讓對方回頭，表現出你善解人意、天性樂觀，保有耐心才是最好的辦法。

### 三、可預期或無聊的訊息

大家在自介寫他們喜歡的對象時，你有看過有人寫「無聊」嗎？我和超過一萬人配對過，我從沒看過。你們認識彼此後，偶爾會感到無聊，但現在還不是時候。關係早期，不能感到無聊。也許你沒創意，也覺得這很困難，但這裡有個小技巧：**寫筆記**。你可以從朋友那問一些靈感，或記下白天隨機想到的小想法，然後盡量讓訊息不要那麼好預測或重複。因為如果你辦到了，那約會對象每次看到你的名字出現在電話上，心情就會感到興奮。聽起來不錯，對吧？

### 四、令人疑惑的訊息

還是你希望我把標題改成「無法理解的深奧句子」？大家必須明白你說的話。例如，這是什麼意思：「見面或明天？」

嗯……你有計畫嗎？還是我忘了什麼？記得**「檢細笑描正」**標準（檢查、細節、笑聲、描繪、正向），確認對方能理解，再將訊息傳出。不然看起來會像你根本不在乎。

## 五、嫉妒或不適當的訊息

世上有各式各樣不適當的訊息。比較敏感的主題包括前任、經濟和政治看法、個人醫療問題或宗教。如果你嫉妒了，這段關係不會維持太久。你在現實生活見面時，可以討論非常敏感的題目（一樣，要懂得察顏觀色），但你傳訊時，要維持輕鬆正向。

## 六、過度傳訊

你一整天腦中都想著這美好的對象，並不代表你就該整天傳訊息給他。讓他等待能增加張力，讓你更具吸引力。如果你真心有話想說，或有件急事想問，那是一回事，但如果你只是希望自己手機響起，那你可能要把自己雙手銬起來。試著保持一比一的比例，你寫句話給他、他回覆你、你寫給他、他回覆你……看得出這個節奏，對吧？耐心不只是美德，在約會時是個鐵律。好消息是什麼？每個人都有耐心，所以你唯一要做的就是靜靜等待！

# ♥ 你怎麼可以這樣 !?

　　我不管你覺得自己多精明，最後都會產生誤會。某一刻，有人一定會和另一人吵架。或你們兩人都發飆。在這種情況，當然不可能搪塞過去。所以你該怎麼辦？

　　在接下來的章節，我會提到磨擦常見的重點，以及我們該怎麼解決這類的情況。

## 我難道不能直接告訴他我多生氣嗎？

　　我說過幾百次了，也會再講幾百次：永遠不要傳送生氣或有侵略性的訊息。沒、有、幫、助。這種情況下，比起在現實生活中，傳訊就像自掘墳墓。

> 靠，艾蜜莉，你真是個爛人！

> 真厲害，白痴。謝謝你把我這天毀了，艾蜜莉。

這些都不是好主意。簡直是拿石頭砸自己的腳。以下是比較好的方式：

> 嗨，艾蜜莉。我是來說早上的事真的對不起。我錯了。我希望你工作能順利。我們晚點聊，好嗎？

> 艾蜜莉，我今天反應過度對不起。我最近壓力很大，早上起來心情不好，結果發洩在你身上。我不該說那些話，對不起。你能原諒我嗎？

> 是我。對不起我說那些話。那些話真的很難聽，我不該說出口。我想你知道你對我來說多重要，但我今天的表現完全相反，我感覺糟透了。求你接受我真心的道歉。

如果你知道你有錯（就算只有一部分），假設你反應過度，或說了很難聽的話，那就負起責任，請求對方原諒。

如果你的感情目前不順利，一封生氣的訊息可能會是壓垮駱駝的最後一根稻草。不需過於防備或激動，但我們必須解釋我們為何生氣，著重在解決衝突。你們可以一起度過這段艱難的時期，像情侶一樣。記得關於對方，你喜歡的優點，想想過去為彼此做過快樂的事。保持善良，敞開心胸。她不完美，但你也是。以下是難過時，你可以回覆的方式：

> 你知道我氣炸了，你也知道為什麼。但我愛你，我想跟你一起度過。

> 我現在真的對你很失望。我需要跟你坐下談談，所以我們才能理解彼此對這件事的看法。我相信我們可以一起解決。

　　你們倆的愛會因為時間改變，在任何長時間的關係中，這是必然的發展。到某一刻，對方的黑暗面必須展現出來，那通常代表你對彼此的愛接下來會受到考驗。他值得嗎？要做好心理準備，你們對特定的事情會大吵特吵，也找不到解決辦法。這時，寫封電子郵件或傳訊息會有幫助。花時間向伴侶解釋你心裡的煩惱，並仔細說明。這樣你們可以不被打斷，好好思考和溝通，試著表達自己的同時平撫情緒。

　　表現出自己欣賞對方，不要批評人，並表示自己是試著要配合。要有耐心，並好好聆聽，一切都會值得。因為解決衝突能鞏固關係，感情會變得更深，更能結合。


## 誤會？

　　語氣。

　　語氣是值得談論一下的主題。你的語氣（你如何說話）會引導對方理解。如果你覺得這段感情急轉直下，那你們可能出現誤會。如果你們當下在傳訊息，馬上停手，不要傳了。你們需要當面坐下來，如果辦不到，那你們至少必須講電話。如果你繼續傳訊，你只

是在火上加油。為了要阻止不幸，拯救情況，傳這類話：

> 感覺我們沒有了解彼此。我可以打給你，讓我們好好談一談嗎？

> 訊息真的很容易誤解，現在看來確實如此。我暫時不想傳訊了，但我今晚和你見面時，真的想繼續聊這件事。這樣可以嗎？

對方會知道你想解決事情，你在乎他們的感受，並給你一點喘息的空間。事情不急，講清楚比較重要。

無論你們約會了沒，或已結婚四十年，試著讓事情變得更簡單。處理時要有效、愉快並保持信心。語言要保持樂觀，也展現出自己的個性。你也要期許自己的對象也如此。仔細聆聽他們的困難，了解他們的感受和背後的原因，陪伴著他們。有人像這樣敞開心房時，代表他們信任你。


## 你需要一點安慰時

每個人都有不順的時候。走到哪都烏雲密布，巴士過站不停，鞋跟也斷了。像這樣的一天，你真的需要一個擁抱，一點愛與關懷。但張著水汪汪的悲傷大眼，或不斷呻吟，到處尋求別人注意，絕不是好辦法（即使那確實是你的感受）。你需要和人說話，但你不需要一股腦把心裡的垃圾全倒給對方。但你能告訴對方，他們總

是能讓你心情變好。大家不都喜歡聽到這種話嗎？以下有幾種方式，可能幫助你的對象明白，你現在需要一點愛：

> 今天有點慘。我現在唯一願意想的是抱你感覺多舒服。

> 我今天很不順。我只能想你，替自己打氣。我現在被你抱住會融化。

　　他們需要安慰時呢？如果你有注意對象的語氣，發現他們需要一點安慰和鼓勵，他們也會感激你。而且是非常感激。我們大多數人都不想承認和表達情感，但你可以創造溫暖、開放的氣氛，跨越障礙。尤其早期，你們還不熟識彼此。不論晴雨，成為永遠等待著對方的溫暖懷抱，成為他能倚靠的岩石。就像在現實生活中，一段善良的訊息能展現奇蹟：

> 想著你。一切很快都會變得容易。

> 親愛的……

> 我有什麼幫得上忙的嗎？

> 如果你想聊天，我都在。

> 一道門關上時，另一道門會打開。我相信你，你一定不會有事。

如果你沒有留意，一股腦說話，只聊自己的問題？那這人未來自然不會理所當然向你敞開心房。聆聽彼此的想法才能建立信任。有了信任之後，彼此都有信心才能幸福。

# ♥ 性訊息和裸照

你會把整本書看完，還是只看有趣的部分？性訊息和裸照是約會世界中滿普遍的事。

如果你才開始第一次約會，或很久沒約會，請做好準備，有人會在未來某一刻，對你提出色色的邀請（或也許是你會向對方提起色色的邀請？）這件事你不用參與沒關係，雙方一定要出於自願。拒絕邀約不代表你很無聊。沒錯，就是這樣。滿足欲望一定要經過雙方同意，沒有例外。你不需要為拒絕不想或不喜歡的事道歉。你的約會自己決定，如果有人不尊重你的界線，那不是愛，也不該和對方交往。

話說到此，我想該是給你一些關於性訊息的建議了。要處理數位色情有許多方法，適當的話（抱持尊重），性訊息是件愉快的事，能激發情感、吸引力和熱情，彼此挑逗。讓我們保持開放的心胸，因為接下來是學習的時間。

## 語帶雙關和其他色情訊息

如果你是性訊息新手，你該如何開始？

最簡單的方式是寫些暗示。許多話是盡在不言中。這是讓事情慢慢上軌道最好的方式。概念是讓對象能在腦中想像畫面：

> 我在寒冷的雪地中走了好久，需要洗個火熱的澡……😉

> 我蓋著兩件被子，但我還是冷死了……我想我應該穿點衣服。還是……？

> 我們今晚約會完之後，有什麼想做的事嗎？

> 我穿了你喜歡的黑內褲……就這樣而已

> 我昨晚夢到你……我們可以晚點實現這場夢嗎？

> 我在浴缸裡……想著你……

> 我想著你，覺得好想做愛

你得到的答案通常能告訴你下一步。但不管你下一步怎麼做，話都要香辣一點。如果你想追求身體親密感，你可以告訴他，你想怎麼抱住他，你希望他怎麼抱你，或你想親他哪裡。你可以描述你的穿著（或沒穿什麼），或你希望他穿上或脫下什麼。也許這你聽起來很荒唐，但相信我，這就是方法。稍微放開自己：

> 如果你在這裡，告訴我你會對我做什麼……

> 快點回家，床感覺好空……

> 猜猜看我現在在想什麼？😉😉

> 我無法不想你……

你想說出多冒險的話，全看你自己。也許色色的暗示就夠了，或也許可以來點重口味的。自信心會影響你享受性訊息的程度，記得細節留給想像力，這樣才能增加性張力（這才是重點，對吧？）有時只要簡單的「……」或挑逗的表情符號就會令人興奮。結尾不需永遠都很色，也可以講些可愛窩心的話，或稱讚對方。你也要注意，太常和人傳性訊息會失去效果。

你想激起什麼樣的感覺？用性訊息試試看。

## 裸照

　　你想傳裸照給親密的對方嗎？

　　當然，這你自己決定。不論你決定為何，保持自信，享受過程。如果你不想回傳裸照，別感到抱歉。絕不要讓別人逼你傳你不想分享的照片（或其他資訊）。你拒絕時，對方可能會想情勒說：「現在大家都在傳裸照了，這有什麼大不了的？」哇！真是個爛人！不是大家都這樣，而且就算如此，別人干我屁事。我有遇過男生一開始傳訊就要我傳裸照，以我們關係而言，我甚至連考慮都不考慮。個人來說，我會叫那混蛋王八蛋滾（或完全不回覆）。

　　各位，拜託聽我說！你傳的所有東西都可能出現在網路上。你無法控制。不幸的是，感情關係生變速度非常快。感情再火熱也不例外。一旦照片外流，事情就無法轉圜。

## 屌照

　　屌照有單獨一節來說明。這滿悲哀的，但很真實。

　　你對屌照有什麼反應？我也一樣，每次收到屌照我多少還是會嚇到。不知道為什麼，外頭好多男人都有這誤解，他們以為傳第三隻腿照給女人會讓她們感興趣。傳老二照給親密的人是一回事，至少不會嚇到。但把老二照傳給不認識的女人？你到底哪根筋有問題？

要是有個男人傳來一張你不想要的小老弟照，你馬上就能看出那人的本性。他只想快點打炮，只要「有人」（任何人）願意彎腰他都好。那傢伙根本不管你是誰。他好像覺得他只要露出褲子裡的獨眼蟒蛇、青筋大香腸或三十公分，就能吸引到女人，可是真的有用嗎？對不起，大壞蛋，要吸引女人，主動傳你的定海神針照給女生大概是最沒用的方法。而且你可別忘了，在世界各地，未經允許傳屌照都屬違法行為，因為未經允許傳屌照就是性騷擾（對方沒向你索取就是「未經允許」，所以別找藉口）。各位帥哥，如果我們想要你提出莖菇棒證明照，我們會讓你知道。

各位美女，收到不請自來的海綿寶寶照時，依照自己的直覺回應就好。如果被冒犯了就直接說出來。如果你他X的氣炸了，就直接罵出來。如果你再也不想跟這人聯絡，不需多說，直接封鎖他。如果你反應不夠直接，話又不敢明說，只會顯得你猶豫不決，容易欺負。回應一定要堅定果決，因為喜歡踩線的男人，認識他只會後患無窮。如果你收到屌照真心感到快樂，所有人都會為你高興。幹得好，妹子。不過話說回來，無論你平常多喜歡收到屌照，也不代表你就得接受他人踰矩。意外收到露鳥照，有許多不同的處理方式，以下就是柔軟寬容又直接的好例子：

> 嗯，我猜你那張照片是要傳給我的，但我們的關係還不到我能接受這樣的照片。總之我就直話直說，不要再傳那種照片給我了。

所以如果你們已經交往，對方傳屌照、鳥照、老二照、小頭照、小老弟照給你怎麼辦？要嘛你不喜歡，照前面的做法解釋，不然就接受吧。這全看你決定。如果你喜歡，想繼續色色的訊息，你可以傳露點照，或你想展現的部位給他。好，如果你接受他的屌照（也許是你自己「徵求」的？），那你要知道，他大概會期待你回應他「大方」的分享。準備好，他問的話你別發火。請記得接受不代表你有義務回傳。但如果你確實接受了他褲內大怪物照，那也要知道，你讓標準降低一點了。

　　好，下個測試：你們在一起好幾年了。突然之間，你收到了對方的屌照。現在怎麼辦？好，我們來想一想……你們在一段彼此尊重和健康的關係已久，並且非常了解對方，你看過他的紫頭戰士幾千遍了。所以就我看來，有人想讓感情升溫（好啦，承認吧，是你傳裸照給他，不是他傳屌照給你，對吧？）這件事會怎麼影響你們的關係，只有你知道。性訊息也許對他來說也是個新鮮事。他在找好角度，而這是他想到最好的「角度」。如果你無法回應他的熱情，至少提醒自己他的初衷。如果是這樣的話，以下是個處理的好方法：

> 親愛的，我愛你的一切，每一吋都愛！我等不及今晚看到你了，帥哥。

## 酒醉訊息

你醒來還在宿醉。你擦掉臉上的口水，並馬上想到。你昨晚喝醉亂傳訊息。靠。

關鍵原則：絕不要在酒醉時向對象傳訊。尤其你們有段時間沒見面的話，絕對不行。光是收到酒醉訊息就夠讓人擦把冷汗。我們要怎麼反應？回覆嗎？忽略嗎？你要認真看待他們所寫的嗎？還是不把醉話當回事？喝醉時傳訊，對話很快會出問題，最後通常會造成誤會。個人而言，我建議你忽略吧。如果你仍覺得自己該說些什麼，至少維持簡短和輕鬆。酒醉的人腦子不清楚，甚至已經斷片，失去方向，因此以簡單的訊息，逗他們一笑就好。

如果她寫了讓你不開心的話，別激動，咬住舌頭，等隔天（她清醒）之後，你再告訴她你真正的想法。在那之前，讓她去胡說八道吧。明天又是嶄新的一天。

# ♥ 落入朋友圈 vs. 人間蒸發 ——哪個比較慘？

　　認識新朋友可能會遇到尷尬、困惑或難過的時刻。約會之路上有許多陷阱：嫉妒、誤會、進度太快、不夠敏感……任何原本對的事也都可能出錯。

　　有個不得不提的事是落入朋友圈。你對某人心動不已，你們聊天約會幾次，然後……你們變成只是朋友。沒有火花。爛透了，但我覺得我可以幫你避免淪落至此。只需要一點觀察和決心，你在約會的道路上可望避開任何危險。

## 落入朋友圈？

　　如果你覺得自己快落入朋友圈，就馬上展現調情手段，加強吸引力。有個技巧是稍微退開，別讓他接近，讓他嚐嚐生活少了你的感覺。這很冒險，但比起落入殘忍的朋友圈，這好多了吧。要不要解決這處境全看你，但和對方中斷聯絡，對方通常會感到更好奇（我會在下一章〈得不到，愈想要〉仔細說明）。這樣能逼對象多努力一點，回饋也會更令人滿足。也許他會忍不住好奇你在做什

麼，也可能以為你失去興趣……總之，用神祕感挑起他的興趣。

如果你們才剛見面，訊息保持簡單明瞭（像醫生的建議）。不要傳長篇大論給對方，自顧自嘰哩呱啦，這時也不要談論自己的感受。訊息能少則少，但不要音訊全無。這招十分符合人性，所以很有效。永遠要「合理」才傳訊息，試著激起溫暖的感受。例如：「我要去看那部機器精靈的電影，你想來的話說一聲。首映會是下週！」

要是你們約會一陣子，但你覺得快變朋友怎麼辦？

任何經歷長期的感情關係的人都會告訴你，愛情其實也是友情。長時間相處在一起，熱情不一定放在第一位。好消息是，你可以用訊息讓感情加溫。如果你覺得她漸行漸遠，那就該盡快適時出擊。如果你覺得退後一步可能會適得其反，那你就顛覆策略，成為世上最好的伴侶。這可能要天時地利人和，但你可以靠你的大拇指。傳訊逗她開心大笑，或用稱讚增加她自信心。那樣她會期待你的訊息。但別太誇張，不然也會有反效果。如果你做得恰到好處，她會覺得自己受到吸引是源自內心的感受！

如果你感覺自己只是在原地踏步，對方回應冷淡，也沒有感覺，那也許可以透露一下，自己還有其他對象？這也許能試探出他的立場，但這是孤注一擲。你不會想陷入嫉妒遊戲之中，因為嫉妒讓人迷惘，過程一點都不好玩。但如果你覺得自己能成熟以對，那我想你自己決定吧。如果你下定決心了，我建議你這麼做：「哇，我們昨晚玩得好開心！」這應該能讓人警鈴大作。你昨晚做了什麼？跟誰？「昨晚玩得好開心」是什麼意思？策略奏效的話，

你的對象會發現自己如果不想被甩就要拿出誠意。記得維持正向的語氣，讓氣氛輕鬆，別太直接。如果他知道你在釣他，他就不會上鉤。太明顯很危險，可能會害一切泡湯。太過狡猾也會聰明反被聰明誤，因為他可能會以為你有所隱瞞。所謂一分耕耘、一分收穫是指耕田，不是感情。目前確實情況不妙，你像在走鋼索一樣，但誰知道？你只要展現出最好的一面，搞不好能扭轉乾坤！所以選好策略，我會為你祈禱！

## 人間蒸發？

對一個沒認識多久的人開口說「我覺得我們不要再見面了」或「我們之間結束了」感覺好可怕，所以有些人乾脆放棄。他們會直接不回訊息，像鬼魂一樣消失在空中，咻！這就是所謂人間蒸發。他們不會接電話，不傳訊息……以甩人而言，這可能是最殘酷、最懦弱，也最不成熟的方式。尤其是兩人有點關係之後。比起別人對你說：「我要甩了你。」人間蒸發感覺更令人痛苦。因為一句話分手好比撕OK繃，快速一撕就結束了。過程緩慢的話，痛苦永遠不會結束。要是不確定發生什麼事，不知兩人關係是否懸而未決，悲傷會漸漸將人吞噬。

雖然算不上好事，但你在這瞬間便了解了對方是否成熟，也至少證明他們說得比做得好聽。放下這份感情，就會容易一些。

所以你的對象人間蒸發時，你該怎麼辦？

對不起，其實你無能為力。生氣也沒有用。你終於知道了，你的對象不是對的人。你渴望解答，但有時我們永遠不知道答案。總之，不要去理會那令人心痛的問號，讓它隨時間淡去。而且你知道嗎？痛苦終將過去。你不久就會重新站起，希望下次能和成熟的大人約會。你愈早接受對方人間蒸發，就能愈早能把一切拋到腦後，脫離悲傷。

好，我聽到你的聲音了。你全身發癢，就是無法⋯⋯什麼都不做。你壓抑不住情緒，想傳一封訊息給對方好看。那就傳吧，我覺得沒問題。以下是述說這件事的好例子：

> 真遺憾事情這樣結束。我以為我們相處還不錯。我很高興能認識你，但我們搞清楚一點：我要找的是有時間陪我的人，而且有種講出實話，不會像膽小鬼一樣人間蒸發。你保重。

如果這比起甩頭離開能給你更多安慰，那就沒問題。你替自己出一口惡氣，而且天曉得他們活該。

有時（如果你沒封鎖對方）直接了當的態度會讓對方回魂，再次來敲你的門。但這人剛才以不成熟、懦弱和不負責的方式傷害你。這人真的值得「交往」嗎？我的建議是別回頭了。坦白說，面對任何傷人、不尊重或過分的行為，我們都必須如此。我們要知道底線在哪。

# 他們超久才回覆你

　　遇到對方之後，他們經常讓我們感受到溫暖，所以我們自然會想一直和他們聯絡。如果她一直不回覆你，真的會讓人十分難受。如果你等到心焦如焚，記得我們每個人節奏都不同。所謂忠言逆耳，但你必須好好坐下來，保持**一比一的對話比例**。你不知道她為何沒回覆。也許她想說複雜的事，她需要時間好好思考；也許她正在處理家庭緊急事故；或也許浣熊入侵她家地下室。這你都不知道。無論如何，你仍需要給對方空間。想像自己在處理棘手的事時，你收到親愛的傳來訊息，你會想：「喔，真好！等我忙完（清除地雷），我等不及要看了！」你把手機放到口袋，那是你期待的事！但後來五分鐘之後，你口袋又傳來震動。再過五分鐘，又震動了。後來又一次。時間不到半小時，但你已經在想：「搞什麼東西？是傻了嗎？冷靜點不行嗎！」

　　如果你覺得自己很有耐心，也維持對話一比一的原則，但你還是覺得該踏出新的一步，那訊息一定要寫好。你一定要抓住他注意力，給他鐵定會回的理由。依據關係深淺，適合的訊息有各種寫法。如果感情還不深，相處順利，結果你手機好幾天沒響，好吧，我想事有蹊蹺。試試看這樣說：「你好！這週過得怎麼樣？週末有計畫嗎？」（當然，這不是多精妙的建議，但這訊息簡單有效，輕易就能回答）。如果你們已開始交往，比你預期又多過了幾個小時，那稍微明白一點：「在埋頭苦幹嗎？學校嗎？工作？打籃球？不管你在忙什麼，我希望很開心。我只是想說我在想你，期待明天

見到你！」

　　關鍵是你要控制局面。如果你看到他們已讀不回，確實讓人抓狂。而且時間一分一秒過去，你心裡會愈來愈氣，但你必須忍住，不要去動手機。別有罪惡感，也別想興師問罪，或賣弄委曲：

**不行**

你去哪了？

**不行**

你真的很會拖……

**不大好**

有這麼難回答嗎？

**絕對不行**

遲緩兒！

　　保持正向的語氣，別挑起爭端。但我們也活在現實世界裡，再等幾天，要是真受不了的話，就這樣說吧：「嗨，你有收到我關於廣東健身的訊息嗎？」或「你有想一想我那天傳的訊息嗎？我很好奇你的想法。希望你生活都順利！」

　　這些是正向、快樂、有禮的提醒。如果他們回訊息了，那就太好了！如果沒有，外頭草原還遼闊呢。

# 她有和其他人約會嗎？

這情況真的很糟糕。對不起，但在約會早期，我們都會和許多人約會。而你覺得對象喜歡上了別人。你想當那個吹著口哨，快快樂樂的人，以正面精神吸引大家，但心卻漸漸破碎。現在該下定決心了：這個對象值得追求嗎？好，那要打贏這場仗，就傳給他們一連串充滿嫉妒、自怨自艾的話，再加上毫無根據的指控。

開玩笑的！

以愛為誓，絕對不要這麼做。當然，你真正該做的事是盡力展現最好的自己。想想你希望對方有什麼感受，然後寫下你的訊息——這些感受會讓對方覺得你更有趣。

小訣竅：**訊息要簡單明瞭**。散發魅力，誘惑對方，不要太複雜。表現出堅定和自信，不要太依賴他人或只是尋求關注。寫出特別的訊息，讓手機螢幕暗去之後，訊息都還會留在對方腦中。你必須假裝你們之間沒有別人，兩人氣氛良好，一點都不嫉妒。你今天是城市中最快樂、最大膽、最有精神、生活最美好的人。她應該才是覺得自己錯過派對的人。你的訊息要反映出，你是個正向的人，願意給她機會，參與你忙碌美好的生活。這正向的氣息非常吸引人，通常會感染周圍的人。收到活潑迷人的訊息，誰不會開心？我們希望這樣的人待在身邊。當然，別用騙的，成為樂觀熱情的人，積極去做自己有興趣的事。

## 你該知道的一些事

　　我們前面聊到最糟的情況，像落入朋友圈和人間蒸發，但約會叢林中，還有許多沒解釋到的詞彙。你會需要一本辭典……喔，沒錯，你手中這本就是約會辭典！我們來學習這些詞彙和情況：

♥ **撒麵包屑**（breadcrumbing）：感覺她有注意你，想和你約會，但事實上，她完全不想和你在一起。即使如此，她的訊息和信號都一直在撩，彷彿對你有興趣。但願你最後能察覺她只是在撒麵包屑，讓你跟在後頭。這典故是出自童話故事《糖果屋》。

♥ **到手就放掉**（catch and release）：這種人只喜歡狩獵的感覺。他們喜歡跟你調情，努力約你出來。最後你答應了，但你一赴約，他們便失去興趣。你被「抓到」就不好玩了。有時他們會繼續一陣子，讓你愛上他們。他們一確定你心動，腳便踏出了門。

♥ **詐騙**（catfishing）：你滑手機，有時會碰到帥／美到誇張的人。可惜的是，那些照片很有可能是被盜用的。那人根本不長這樣。使用別人的照片是奸詐、惡劣和不老實的行為，但那些人這麼做，是為了讓更多人上鉤。為本書進行研究時，我和許多詐騙者配對過，有次我甚至上當了。來約會的根本不是同一人，你能想像我有多震驚。

♥ **遲遲不回**（cricketing）：這是在描述有人超超超超超久不回訊息。你傳出友善的訊息，然後好幾天過去，突然收到回覆，彷彿對話不曾中斷。大多數單身者或多或少都曾遇過這類的等待。

- ♥ **抱抱季**（cuffing season）：抱抱季從九月開始，大約在三月結束。意思是「天黑變早了，我想要找人溫暖抱抱」的季節。耶誕節、新年和情人節都有人陪，聽起來不錯，對吧？「抱抱季」一詞最早出現在開放編輯的「都市辭典」（Urban Dictionary）中，2017年編入柯林斯英語辭典（差點成為年度單字），定義為：「秋冬時期，單身的人普遍想找固定的關係，而不喜歡一夜情。」以經驗和科學來說，這現象背後的原因有點複雜[23]，但研究者認為這現象能以進化的概念來解釋。此舉類似冬眠——根據理論，我們會渴望溫暖和支持，尤其秋天常會出現季節性情緒失調（冬季憂鬱症）。冬季擁有感情關係有助我們緩解痛苦[24]。寒冷會讓我們受熱食和熱飲吸引。從心理學角度來看，在寒冷的冬天中，抱抱關係能讓心裡更溫暖。《消費者研究雜誌》（*Journal of Consumer Research*）2012年的研究有類似的說法[25]，研究指出我們感覺冷時，我們會比平常更想看浪漫愛情喜劇。

  「你是我的。」（但只到四月為止。）

- ♥ **軟著陸**（cushioning）：你在和某人交往，但感覺情況不妙。結果你非但不直接分手，反而開始和其他人調情聊天，減少自己在分手時受到的衝擊。我覺得分手一刀兩斷最乾脆，比起這種感情重疊、不乾不淨的情況好多了。別的不說，這做法至少沒為對方著想。

- ♥ **裝有對象**（fauxbae'ing）：這個真的很不可思議。這些人在社群軟體假裝自己有交往對象，但他們其實單身。這有兩個原因，可能是他們想讓前任嫉妒，或因為家人一直叫他們找個伴侶。

♥ **自吹自擂**（flexting）：如果在現實生活見面前，你太想讓對方留下印象就會這麼做。如果你記得〈你為什麼會想找對象？〉那一章的內容，這就是在自介說謊最常見的原因。男人謊報身高很正常，女人則會謊報體重。而所有人慣用的老招就是放舊照片[26]。我和朋友那天發現大家經常在大頭照把新舊照片混在一起。舊照（比較吸引人）放第一張，吸引興趣。但後來我們滑過照片，才會發現這些人長相已經不一樣了。那是張舊照。但當然，這仍比只放舊照的人更誠懇。

♥ **蓋茨比**（gatsbying）：這個詞是出自 F・史考特・費茲傑羅（F. Scott Fitzgerald）的經典小說《大亨小傳》（*The Great Gatsby*）。這是指在社交軟體上，放上專門給前任或新對象看的影片、照片或自拍：「看我多酷，我玩得多開心，我看起來多辣等⋯⋯」或暗示你正和別人在約會（例如兩杯香檳酒或餐桌上有兩套餐具）。

♥ **人間蒸發**（ghosting）：沒有分手，對方卻消失在生活中。不留訊息、也不寄電子郵件。瞬間音訊全無，數月都沒消息⋯⋯

♥ **訊息轟炸**（ghostbusting）：不累的人——他們是一群永不放棄的人。就算對方人間蒸發，他們依然固我，繼續傳訊。根據約會網站 Plenty of Fish 統計，78% 的千禧一代（1981 到 1996 年出生的人，也稱為 Y 世代）都至少遇過一次人間蒸[27]。38% 的人也曾忍受過那些「自說自話」的可憐蟲。總之別浪費時間：不要人間蒸發，也不要訊息轟炸。

♥ **小騙怡情**（kittenfishing）：比詐騙輕微的做法。這裡大家會用自己真正的照片，但要嘛是舊照，要嘛修圖修到不像自己。他們聊

到工作、年齡和體重時會說謊。約會時一切就會被拆穿，所以滿沒意義的。這也類似自吹自擂。

♥ **漁翁撒網（serendipidating）**：這是指有人約會一直換時間。為什麼？因為他們一直跟別人約會，隨時都在把你往後排。這種事自私又不替他人著想，你不該忍受這種事。不要接受別人口頭約一約，這種人經常這山望著那山高，因此老是把你踩在腳下。

♥ **開小視窗（sidebarring）**：你們都還在派對上。突然之間，你的對象拿出手機玩了，毫不遮掩，也無意和你分享。你瞬間被冷落、丟下和無視。不意外，我們許多人都遇過（做過）這種事 [28]。研究者指出所有人都不適合多工處理 [29]。一邊和人聊天，一邊用手機通常兩邊都顧不好。

♥ **慢慢消失（slow fade）**：這算是慢版的人間蒸發。這些人對你沒興趣了，但他們沒有分手，也沒人間蒸發，他們只日漸冷淡，與你漸行漸遠。他們每次回覆都更慢一點，話愈說愈少。接著他們會忽略訊息，取消約會，也不重新約時間，讓這段感情慢慢崩解。成熟嗎？我覺得不成熟。

♥ **藏人（stashing）**：這種行為很醜陋。對方不把你介紹給家人和朋友，在網路上從來不提到你。你像是性玩具，讓他們感到羞恥，有人從窗外看進來時，就把你「藏」到角落。他們不愛你，但他們不喜歡孤獨，所以他們會把你藏起來，騎驢找馬。

♥ **殭屍復生（zombie-ing）**：對方人間蒸發後，你才開始繼續過生活。這時，碰！他死而復生！這種人會裝作什麼事都沒發生，一切都很正常，傳來訊息，在你的貼文按讚。他們之前去哪了，監獄嗎？

各位，這就是殭屍復生。我會避開這種人，你已經被騙過一次。你知道這人的心意在哪，所以他們顯然只是無聊，覺得自己能再要你一次。

# ♥ 得不到，愈想要

我們總想要得不到的。

得到的又不想要。

還是……？

## 為什麼對我們沒興趣反倒讓我們有興趣

你總是愛上得不到的人嗎？他們愈後退，你愈渴望他？

這到底是怎麼回事？

這個現象全是虛榮心和自我印象在作祟，再加上對方難以聯絡，對方在我們眼中的價值因此扭曲。其實他們的價值都是你腦中創造出來的。碰上難以取得或供不應求的資源，我們通常會變得更渴望。因為東西愈少，我們愈想要。所以只要有人拒絕我們的邀約，他在我們心目中的價值便會提高，我們會更努力去約他。這男的值得，對不對？他就是難得一見的珍寶！換句話說，他們彷彿成了有限的資源。這也解釋了我們為何覺得大忙人價值較高。我們相信他們很搶手，如果很搶手，那他們一定很重要，價值也更高，對

吧？這是一種常見、無意識的偏見，類似觀點上的小盲點。

喜歡一個人時，當對方傳訊息來，我們腦袋會分泌多巴胺。關係還不確定時，尤其會刺激我們的反應。他們會傳訊息來嗎？還是不會？在我的書《為什麼我們這樣想，那樣做？》中，我有寫到不確定的因素會讓多巴胺飆升：「我要回傳訊息嗎？有人在我的文章留言嗎？」[30]我們的大腦受「可能性」所吸引。從演化的觀點來看，這能促使史前的人類四處覓食。他們初次踏入新域時，他們通常不知道這趟打獵是否會成功。此時大腦會分泌多巴胺，讓他們向前探索，更加努力，而這份努力最後也會讓他們獲得多汁的漿果、肥美的水果和富含蛋白質的獵物。

我們的手機是充滿「可能性」的究極裝置，其實大家收到訊息通知，會比閱讀訊息得到更多刺激。你今天察看手機幾次？很多次吧，至少大多數人都一樣（這也解釋了我們為何這麼容易被撩）。

我們發現熱臉貼冷屁股時，就怪多巴胺吧。當然，對方搞失蹤一段時間後，只要再跟我們聯絡……我的媽呀，那感覺超棒！只是……焦慮馬上接著來了：「下一次是什麼時候？」、「已經四天了，我都沒聽到她的消息，而且我知道她出差回來了。」或「如果我們週末要出去玩，他最好趕快讓我知道。已經快星期五下午了！」

我們很容易開啟「覓食」行為模式，開始打獵，但捫心自問：值得嗎？他給你漿果，但你需要的可是駝鹿。所以快逃啊，要知道你的腦袋在尋你開心。這個人躲你就是在吸引你注意，這個現象只會讓我們和錯的人在一起，玩弄你的人並非真心在乎你。現在就放手吧，痛苦只會愈來愈多。心要放在找得到的人身上。

## 要是他對你沒興趣呢？

我們總想要得不到的。我們把手中的事物視為理所當然，而且「失去才知道珍惜」。好好想一想。

如果你想變得更吸引人，絕不要被視為理所當然。你必須感覺自己「受人渴望」，並成為其他人覺得有趣、想親近的對象。不幸的是，我們常感到自卑，且不會這樣看待自己。我們反而會毫無底線，過度配合，任何小事讓（所謂）對象生氣，我們便會低頭認錯。我們渴望對方的認可，希望被他欽點。夠了！別再一廂情願！以吸引力而言，這就像在玉米田裡釣魚一樣。二十四小時等待對方聯絡只會降低你的價值。過度依附別人，只會更容易被人拒絕。如果你想要有魅力，不要過於配合對方。每個人都有特殊的價值，值得獲得尊重。

反之你可以利用這點，在聯絡和不聯絡之間找到平衡點，讓自己更有趣。但在你擺架子之前，我建議你等對方不珍惜你，再使用這股神奇的力量。如果你覺得自己不受重視，那就變得難以捉摸吧。假設你已經順著他好一陣子。記得**重複曝光效應**嗎？對方愈常見到你，他們愈喜歡你。但現在他看到你時，讓他流點汗。突然之間，你不再時時刻刻都配合他。「週二？不行。週三看看好了⋯⋯我之後再跟你聯絡。」你的對象會警鈴大作，稍微感到心驚膽顫：「靠，怎麼了？我以為她喜歡我⋯⋯」你肢體動作可以冷淡一點：稍微別開身子，雙腿轉向另一邊（好像準備要離開）。他會以為你

時間不多，甚至炙手可熱。你愈少出現，他會愈想要你。你可以根據情況微調，再次稍微靠向他，調情一下。說些好笑或迷人的話（當然要有愛意），甚至輕輕碰觸他，例如「不小心」碰到他的小手手。哎唷！維持玩鬧的氣氛，上下調整調情火力。讓他不確定你們關係到哪裡。但別做太過火，而且別在交往中嘗試，只有在約會拍脫時才這麼做（增加吸引力）。交往時，這樣只會讓人動搖，感到疑惑，無法激起好奇心和玩鬧的氣氛。

如我在第一部分所說，我們認識陌生人時，最先感受的特質是：**一、溫暖和信任感。二、能力和社會地位。**以能力而言，人類喜歡表現出自己地位重要、人生成功、生活充滿意義。很少人希望自己不重要，被人忽略。自介大頭照裡，一般人經常放入名車和手錶，希望留下好印象，並盡力隱藏缺點。既然大家習慣美化個人形象，我們若坦承缺點，反而會令人感到驚喜。大家起初可能會有點疑惑，但後來通常會更喜歡我們：「這人很真實，毫無遮掩。」如果你知道自己很珍貴，就不需要一有機會便四處炫耀。擁有自信之後，其他人的認可就不重要了。你知道自己誰，肯定自己的價值。只有不懂自己價值的人才會想努力證明。

不只是約會

# ♥　我們在一起了嗎？

　　我相信你已經注意到，這不只是一本教你釣馬子和勾引男人的書。這本書是關於如何在感情關係中找到幸福（當然，這包括只是追求認可和短期一夜情的你們）。這本書會告訴你一些必殺方法，讓你和值得的人享受美好的感情關係。

　　約會是門藝術，你我都能進步。要建立滿足的關係，重點是要明白你的需求以及誰適合你。關鍵是了解自己，察覺個人習慣的行為模式，破除障礙，讓自己向前進。要解開其中的心理機制的話，需要自我反省，而真誠面對自己通常會感到難為情、不舒服或痛苦。但相信我，這件事值得你努力。

　　這麼說吧，假如你和某人約會，墜入了愛河。你心裡小鹿亂撞，並頻繁見面。漸漸的，兩人感情逐漸萌芽。但進入一段新關係不只像在月球跳舞，有時夜裡會失眠，有時則會緊張到咬指甲。你的心情忐忑，五味雜陳，這我們許多人都經歷過，與其背負著前一段關係的包袱，放棄總是更輕鬆。當然，我說關係自然是指感情關係，但通常也包括童年的關係。有時斷絕關係是正確的選擇——有的關係本就不該繼續，尤其關係有害時。幸好許多研究都能告訴我們一段健康的關係包含哪些要素。我們知道關係發展可能會面臨挑

戰，有的挑戰甚至會延續兩、三年，有的挑戰則會發生在「七年之癢」。

如果想與夢想對象在雲端打造粉紅色的城堡，接下來的章節我會一一介紹各種策略，幫助你維護愛情，面對各種威脅。

好，大家，我們先找個伴來……


## 我們現在的關係是什麼？

「所以你覺得現在這個是什麼？」

「什麼是什麼？」

「我們。」

攤牌，鼓起勇氣討論關係的一天。我們想的是同一件事嗎？我們的關係是什麼？我們現在是我們嗎？還是我們要繼續和其他人約會？（如果你的目標不是長期關係，那就不需要這段對話。）

即使兩人都願意發展感情關係，結局仍不保證一定會成功。感情的拼圖不是只有這塊。首先你們兩人情感上都必須成熟，願意踏入認真的關係，此外雙方都需要做好準備。在良好的關係中，兩人必須將對方視為優先。你們要有充足的時間相處，充分溝通，配合彼此的需求，接著還要面對同居的問題。

在本章中，我們會學到彼此靠近時內心經歷的過程。而我會在此教你幾招，幫你度過最常見的障礙和陷阱。

## 在一起——既開心又緊張

多年後，生了兩個小孩之後，我再次回復單身時心想：「我絕對不要再結婚了！」我已盡我所能經營感情：「我努力過了，但感情不適合我。」兩人分開勢在必行，我心裡悲痛欲絕。

在《答案：從調情到長期關係》（*The Answer – From flirt to lasting relationship*）一書中[1]，丹·約瑟森（Dan Josefsson）和艾吉·林格（Egil Linge）表示，人類小孩缺少親密關係和關懷無法在世上生存下來。無論是個人或種族而言，情感連結是人類生存的關鍵。我們已說明過，社交天性是人類成功的祕密，因此人與人的關係對我們情感生活有巨大的影響。它能帶給我們最大的快樂和痛苦。失去摯愛通常是人生中最難受的一刻。而且在感情關係上，不只失去很痛苦，建立也無比困難，且沒有任何捷徑。獨自生活（單身一輩子）也是一種選擇，這當然沒有問題（我們尊重每個人的決定），但我們先來看看，為何許多人向愛情投降（對了，單身可不代表你就要買貞操帶）。

有人說，我們要建立親密關係才算真正活過。但這不代表你一定要談戀愛，親密關係也包括家人和朋友。不過，感情關係確實有其特別之處。感情關係和其他關係不同，與小時候和父母的關係類似。但要發展感情關係有一些必要條件。其中之一是必須有一定程度的接觸，妻子每五年從月球基地回來，每次相處兩週恐怕不會成功。連續短時間的邂逅對長期關係也沒有幫助。

所以交往後，我們內心會發生什麼事？

我接下來會解釋進入感情關係後，我們會觸發哪些心理機制。我會說明建立親密關係最常碰到的障礙，當然也會教你應對之道。也許你會和許多人約會，但沒有一個對象適合你。但老實說，有時你就算遇見地球上所有對象，你也不會滿足。你也可能面臨另一種情況，你不管遇到誰都會墜入愛河。這又是怎麼回事？各位，這一切都和你內心機制有關，也是我們建立關係時腦部的解放機制。

## 依附理論──我們的關係模板會打亂一切

約瑟森和林格在《答案》一書中描述了許多「角色」，建立關係時，他們全會面臨不同的挑戰[2]。簡而言之，角色類型都依據各自挑戰所命名（請記得這些角色和性別無關，在此用不同性別只是為了讓敘述有所變化）。

♥ 杯水半空型（glass half-empty）：他好相處，善於社交，人見人愛，並擁有自己擅長的好工作。雖然他有許多朋友，但他感情空白。杯水半空的人問題在於他永遠不滿足。他的感情關係永遠不超過幾個月。約會前幾次很好玩，但新鮮感消失後，他會發現對象有重大的缺點。她可能和他意見不同，可能不了解他在乎的事，也許她只是穿著怪怪的。杯水半空型的人會認為，這段感情不會有結果，於是便離開了。他告訴自己，自己只是比一般人挑剔一點而已。

♥ **過度努力型**（over-doer）：她是個擅常社交的人，透過工作認識許多人。她目前單身，但有好幾段感情，包括幾段長感情。但感情總是漸漸淡去。感情一開始充滿愛和親密感，但後來兩人漸行漸遠。過度努力型擅長讓對方感覺良好，也被稱為「完美女友」。她會用盡心力討好男友，滿足他各種念頭，但他最後仍對她感到厭倦。他們漸漸疏遠。有的男友還出軌。過度努力型不了解自己運氣為何那麼差。

♥ **看碗外型**（grass-is-greener）：他真的很優柔寡斷。杯水半空的人會看伴侶的缺點，看碗外型會因為其他機會分心。他有幾段感情，時間大多不長，也許有時會長到一年。他願意走入感情，但問題是（在整段感情中）他不確定自己是不是吃虧了。看碗外型心心念念都在想，外頭是不是有更好的女孩適合他，是不是有個女孩能讓他更感覺得到愛。其實，只要心中稍有猶豫，他就不會走向下一步。他不願承諾，也不願規劃未來。這對他的伴侶來說當然很受挫，感情往往無疾而終（記得約會辭典裡撒麵包屑、漁翁撒網、藏人、到手就放掉的行為嗎？誰願意忍受這種事？）但看碗外型的仍不想獨自一人生活。

♥ **黏人型**（clingy）：她想要保證。她有過幾段感情，一開始總是充滿熱情。但要小心，她很善妒。她隨時需要別人的肯定，不然心情會不好。以前別人常告訴她，她很黏人，要求又多，於是時間一久，黏人型為了不要嚇跑男人學會了隱藏。但她心裡仍不斷焦慮，擔心自己被人甩掉。

♥ **一夜情型**（ONS）：他一個人住，而且是個約炮達人。雖然有幾

次感情延續了幾週，但大多數是一夜情。他容易無聊和恐慌，和他相處就是「啪啪啪，謝謝光臨」。但一夜情型其實覺得人生很空虛，並厭倦單身。難不成他會成為那種男人嗎？六十五歲牙齒弄得潔白，卻在酒吧廁所幹著邋遢的女酒鬼？這念頭讓他害怕。他確實想要有穩定感情，但不知該如何是好。只要太陽一出來，他就想跑。一夜情型甚至覺得一夜情都沒有以前好玩。還是他應該乾脆放棄，出家當和尚好了？

♥ **小三型**（the other woman）：最近她幾乎只對結婚生子的男人有興趣。她重視感情中的熱情。外遇的男人都充滿熱情，但她每次最後都發現，這種男人無法給她想要的專注和親密感。別忘記一點，她不喜歡當「小三」，自己總是被放在一邊，情人節和耶誕節都和姐妹過。她感覺很羞恥（也是活該）。但好男人都被挑走了，對吧？單身的男生感覺很無聊，像袋底留下的怪糖果。她和他們相處一眨眼就覺得無聊了。

♥ **自卑型**（no self-confidence）：他是個擅於社交的男人，朋友都不懂，這麼受歡迎的人怎麼遇不到對象。雖然自卑型擅於社交，他和女人說話時都缺乏自信。他平時都很放鬆，但有人對他有興趣時，他會漸漸焦慮，不知所措。和約會對象相處，最後不是他把對方推開，就是自己離開或逃走。事後他會安慰自己（反正我比較喜歡一個人），但隔天又會後悔自己的行為。自卑型會開始避開派對和社交場合，遠離陌生女子。結局他已經知道了。他不想再搞砸了，謝謝。

# 感情階梯──我們爬進伴侶關係的各階段

現在我們要討論所有感情關係的過程，這稱作**感情階梯**（attachment patterns）。我們發展長期關係時會遇到許多問題。我相信之前的例子不言自明。

如果你深入探討，所有感情關係的問題根源都一樣。和陌生人要從約會，並成功步入長期關係，都需一步步拉近彼此，打破隔閡，建立共同的關係。這個過程類似階梯，有一個個階段（時期、進程、段落，看你喜歡哪個說法），每個階段都代表兩人更親密：

### 一、起始階段（the outset phase）

我們在一樓，一個人，還沒有步入任何階段。孤單的心在浪潮中載浮載沉，暫時自由。

### 二、初步階段（the initial phase）

我們遇到有興趣的對象。我們多半還是陌生人，仍未形成認真的連結。我們斷斷續續見了幾次面。我們愈常見面，愈了解彼此，我們發覺想更規律和彼此見面，於是我們⋯⋯

### 三、求愛階段（the courting phase）

我們墜入愛河，成為正式情侶。我們定期相處，漸漸完全了解彼此的個性。我們探索彼此新的一面。我們仍猶豫自己是否要「全

心投入」，這是這段感情的試驗階段（即使有的情侶已論及婚嫁，正式投入）。我們終於確認了心意，同意兩人要一起，便進到……

## 四、忠誠階段（the dedication phase）

我們承諾彼此長期關係。現在可以放鬆一點，早期我們通常都懸著一顆忐忑的心。我們現在是我們了，日常生活都給予彼此安全感和支持。我們很難想像生活沒有彼此，並建立起親密永久的關係。

從起始到忠誠階段的過程在世界各地表現的方式都不同，也要看我們位在人生哪個階段。每段感情當然都有特別的軌道。但如果你剝去外衣，所有感情發展依舊像階梯一般。我們到各個階段的時間點差異都不同，也因人而異。有的情侶進展很快，很早就下定決心。但感情關係發展特別快的話，兩人情感投入從一開始就必須一致，這點非常少見。光譜另一端，如果兩人剛結束一段長期關係，他們通常仍背負著情感包袱，可能需要時間建立信心，重新敞開受傷的心，所以過程自然比較緩慢。

另一個情況是兩人早已認識彼此多年。他們在同一個圈子生活，有天突然墜入愛河。這種感情從初步階段到求愛階段的時間會比較慢（透過友誼），但求愛階段會非常長，需要接受時間考驗。在這段漫長的求愛階段，兩個「朋友」會認識彼此不同的一面，最後才能發展親密關係，準備進入忠誠階段。愛神降臨，讓事情水到渠成。

## 我們為何在階梯上卡住？

所以我們為何像杯水半空型、過度努力型、看碗外型、黏人型、一夜情型、小三型和自卑型那樣，卡在感情的階梯上？

這些人全都希望找到對象，但他們辦不到。他們多半會說，自己無法找到對的人，這想法很常見。但我們會卡在階梯上真正的問題是，放開心胸進入親密關係不是一件容易的事。有人很快就進入初步階段，來來回回和許多對象站上這階，但從未踏出下一步。有人則卡在求愛階段，害怕踏入最後一步。有的人想直接跳到最後一階，但如果這麼做，很可能會跌倒。而有的可憐人整天研究階梯，卻找不到能一起踏上階梯的對象。

為何有人不費吹灰之力就能踏上階梯，我們則會卡住？

原因就是人類建立親密感時，會受每個人不同的內心狀態影響。透過研究，我們能了解差異的根源，也知道如何治療。所有的相關知識都在心理學的**依附理論**（attachment theory）[3]，這理論是在1950年代由約翰·鮑比（John Bowlby）提出。理論解釋了為何有時親密感令人排斥。它也解釋不同人經歷熱戀和愛的差異，以及為何有人會「莫名互相吸引」。它也解釋熱戀如何昇華成認真的感情，以及為何有時事情會生變。

人性複雜，難以理解，所以無數的書籍都在研究人類，包括行為、動機和人際關係的掙扎。身為人，每個人都獨一無二，不可思議。你我分別都擁有特別的個人經驗，影響我們的感受、思考、行為和反應。人類天生傾向群居，個個處在複雜的社會紋理之中。

我們的行為和決定會受生活中的其他人影響。不只如此！人類也是生物，會受環境影響，甚至還有基因的差異，讓我們生理上如此獨特。依附理論是超過六十年的研究，解釋人類關係的功能。它列出影響人類和彼此建立情感的各種因素。它根據我們在關係中面臨的問題，將我們分成不同的群體。當然，理論簡化了現實複雜的情況，但它能提供我們有效的觀點，幫助我們了解自己。

依附理論的基礎建立在，我們小時候學會建立關係之後，這個方式會影響我們的一生。我們遇到喜歡的人，我們通常會以小時候和父母建立關係的方式拉近距離，建立親密感。因此我們童年和父母的關係，到成年都扮演舉足輕重的角色。你我的關係模板其實都不奇怪，也沒有錯。根據我們小時候所學，這些模板都恰如其分。新研究指出，我們關係模板本質上並非全然和父母的養育方式有關，與基因也有關[4]。

要了解這一切如何形成，我們必須先把自己分成兩組。第一組人在關係中是**安全型依附**（secure attachment）。第二組人在關係中是**焦慮型依附**（anxious attachment）。安全型依附通常相對容易找到伴侶。焦慮型依附的人通常在感情關係上會遇到困難。杯水半空型、過度努力型、看碗外型、黏人型、一夜情型、小三型和自卑型全都是焦慮型依附的類型。

焦慮型依附接著再分成兩個細項：**逃避焦慮型依附**（avoidant-anxious attachment）和**焦慮矛盾型依附**（ambivalence-anxious attachment）。

## 三種依附類型

1. 安全型依附
2. 逃避型依附
3. 焦慮矛盾型依附

其實也有第四種類型：混亂型依附（Disorganized-unre-solved），或稱害怕逃避型（fearful-avoidant）。依附類型通常代代相傳。混亂型依附可能會發展出暴力和虐待的家庭，監護者通常同時是安全感和威脅的來源。在這些例子中，小孩會將愛和痛苦連結，導致未來關係出現問題。他們甚至會完全避免進入感情關係。因為這類依附關係相對少見，我主要會討論三種最常見的依附類型。

## 三種依附關係，三種關係模板

你屬於哪個類型，關係就會呈現不同的樣貌。關係模板會影響對親密感和歸屬感的態度和反應、處理衝突的方式、對性的態度、表達需求的能力和對伴侶的期待。換言之，關係模板會影響一切，並控制關係的方方面面。

複雜的地方是，每個人都有不同的關係模板，因此大家像說著

不同的語言。我們見面和了解彼此的情況會更複雜。請記得，我們生活在真實世界，你不會只適合一種類型，所以不必擔心。

## 一、安全型依附

這類人能輕易接近其他人。他們不擔心被拋棄，其他人靠近他們，他們不會感到不舒服。「安全型」受別人依靠或依靠別人時，內心通常不會感到困擾，但他們通常也不怕孤獨。就算他們仍想和人交往，他們不會因為單獨感到害怕。他們通常溫暖，關懷他人，並能輕易進入關係。他們能直率表達需求，直來直往，溝通明確清楚（他們不需要玩諜對諜遊戲），這也解釋了他們為何通常會擁有長期關係，我們大約50%的人都屬於這類型的人[5]。

## 二、逃避型依附

這類人社交技巧熟練，通常很受身邊人歡迎。他們注意外貌，喜歡秩序。他們工作上通常表現良好，並有企圖心。這些人通常不喜歡靠近他人，也常覺得其他人離他太近。這使他們在感情中疏遠他人，守護自己的空間，如果進度太快，他們會不舒服。親密感通常代表失去獨立性，所以他們許多行為都是為了逃避和伴侶親密相處。例如，「逃避型」通常喜歡準備備案（撤退計畫），這就是為何他們假期不能安排兩週，因為他們必須「趕進度」，或可能必須待在家顧裝修……也許他們要加班，因為這能解決他們面對親密感的問題。他們可能會「暫時不」和伴侶做愛，或只重視性，卻附有但書：做愛時不親吻，之後不抱抱，或有其他嚴格要求。這些都是

拉遠距離的策略。因此逃避型整體而言，和伴侶性行為次數最少。我們別忘了不忠誠的事。研究指出，比起安全型依附及焦慮矛盾型依附的人，逃避型的人更可能出軌[6]。

如果你的對象是逃避型，你會發現他們「沒準備好立下承諾」，卻仍繼續和人交往，甚至好幾年來嘴上都說「順其自然」。他們會在伴侶身上找出各種問題：她說話不流利、他吃得很不健康、工作不好、學歷不夠等不可勝數。伴侶言談舉止在他們眼中基本上都扭曲了。比起其他關係模板的人，逃避型對伴侶看法相當負面[7]，也因為這些看法，他們態度上更能若即若離。不幸的是，和逃避型的伴侶天天生活，心情會低落和難過。

不只貶低伴侶，他們也會渺視伴侶的想法和感受。他們會把伴侶的擔憂和焦慮視為憤怒，並為自己辯護。逃避型有個疏遠伴侶的**策略叫幻想前任現象**（phantom-ex phenomenon）。他們會理想化前任，認為前任才是最適合自己的「完美伴侶」。這代表你在他心中永遠排第二位。有的逃避型愛搞曖昧，搞曖昧會為感情帶來不確定性和痛苦。他們會避說「我愛你」，代表他們無法給你對等的愛。逃避型會在感情順利時抽身，像在一段真心交流的約會後……啾！突然好幾天不聯絡，再次與你拉開距離。他們可能會跟「非單身」的人約會，例如已婚對象。他們會在和你對話時放空和分心，或根本忽視你。他們通常神祕兮兮，你想討論兩人未來的計畫時，彷彿永遠談不到細節。他們經常和伴侶保持距離，例如不想同床，不想做愛，甚至走在你前面好幾步。簡而言之，逃避型會確定他們愛的人（或可以愛的人）不會妨礙他們的獨立性或自主權。同一時間，

這些策略不只拉開兩人距離，也降低感情找到幸福的可能性。有些人會稱讚他們「太完美」，因此他們也會要求伴侶完美。「你不完美？那我想你不夠好……」可惜的是，他們通常只在感情（和「威脅」）結束，兩人形同陌路時，才會從負面評價中醒來。這時他們才會對你充滿愛和渴望。「我們如此匹配，怎能就此結束？」但永遠只在事後，一切都太遲了……（你會成為他們口中完美的前任嗎？誰知道……）

他們遇到對象時，通常會分析自己的反應，而不相信直覺。他們會以自己的邏輯取代感情。他們捍衛自己的獨立性，期待其他人也獨立。如果他們進入一段感情，他們通常寧可一人獨處。他們覺得親密感令人窒息，孤獨比較自在。他們會相信，面對問題，自己解決比較好，而不跟對象討論。

我們大概25%的人屬於這一類。研究也指出，這種關係模板和一個特殊的血清素受體有關。不消說，比起單身，逃避型在感情中反而更不快樂[8]。

### 三、焦慮矛盾型依附

這類人通常有創意、活力充沛、感受豐富。他們有時會向陌生人傾訴生活私密的細節。不論有沒有感情生活，這類人各方面都和逃避型依附的人相反。他們喜歡靠近別人。他們比起一般人更渴望親密關係。這種對親密感的渴望往往會將對象嚇跑。他們以情感取代邏輯，在感情中只著重於感受。他們要求很多，自己獨處時常覺得空虛，也許時時擔心對方不夠愛自己。不只是伴侶，在約會早

期階段也一樣。「焦慮矛盾型」通常容易嫉妒和疑神疑鬼，伴侶想花時間獨處時，他們會焦慮和難過。他們對感情感到莫大的壓力，通常想和對象密集聯繫。他們會頻繁傳訊和打電話，但這樣不只無法加強關係，反而會讓人感覺太黏，不尊重界線，無法自己負起責任。同時如果他們不相信伴侶，他們會以反抗行為突然將對方推開。這時候，他們會發怒、氣惱或變得無法預測。他們害怕自己被拋棄，心生恐慌，最後乾脆放棄戀愛：「既然知道受傷無可避免，何必浪費時間再建立另一段感情？」

大概20%的人屬於這類人，而研究也發現這與基因有關。基因會控制多巴胺受體慣性[9]。影響血清素（逃避型依附）和多巴胺（焦慮矛盾型依附）濃度的兩個基因，基本上都和情感和感受有關，並牽動著我們對獎賞、注意力、社交行為和戀愛的反應。但別著急！基因確實解釋了不少事，但可不是全部。我們從小的環境和長大的感情關係都會影響我們的安全感。壞經驗會創造一種模式，充滿愛和安全的關係則創造另一種模式。天生有安全感的人有可能變得更不安（很遺憾），而天生焦慮的人也可能變得有安全感。這也代表有些人，我們不該給他們第三、四、五次機會，因為你一旦失去安穩的感情模板，你會損失最可貴和美好的特質。為自己設好界線吧。

## 尋找對的感情模板

　　你約會時，重點是先搞清楚自己和對方屬於哪一種依附類型。因為你們雙方的依附類型可能相斥。這會讓兩人更難維繫感情關係。容我解釋：如果你遇到逃避型，他們會花許多時間和精力疏遠你。不管面對的問題是要看哪部片、怎麼養小孩或要去哪度假都一樣。所有選擇都變成獨立性和個人自由空間的討價還價。而「討價還價」的結果呢？為了不讓伴侶更加疏遠你，你會犧牲自己，成全對方。那可不好玩。逃避型的人常會說這樣的話：

　　「你太敏感了。」、「你要求太多了。」或「你太脆弱了。」

　　「你還想要我怎麼樣？我什麼都沒做。」

　　「不要分析各種事情！」

　　「別鬧了好不好。我已經跟你說『對不起』了。」

　　他們對你的需求只會在乎到某個程度，接著再次忽視。他們也不擅長察覺語言和非語言暗示。甚至不在乎……他們也不覺得是他們的責任。逃避型特別會表達好感，同時又保持距離。他們重視獨立性，通常也代表他們不重視你和你的需求。模糊曖昧的關係最適合他們，他們魚和熊掌都想兼得。既不想單身，又要保留獨立性。「床伴」一詞正好。無論你怎麼稱呼這種關係，但如果你跟對方約會一陣子，他突然消失或逃開，你可能在和逃避型約會。就算感情變得「認真」，你們仍會面對許多問題：如果我們一起去度假，如果我們決定同居，如果我們……這時準備收到以下答案：

「再看看。」

「我還不知道。」

可惜的是，逃避型在約會市場人數眾多，因為他們是在關係中最先脫身，也不願深談感情的人。這讓你遇到逃避型依附的人機率變得非常高。安全型依附和焦慮矛盾型依附（他們不會害怕親密關係）通常都已在感情關係中，也不會在約會市場逗留太久。逃避型很少和彼此交往，雙方會缺少動機和讓關係穩固的「黏著劑」[10]。別急著一竿子打翻一條船：如果你的伴侶或對象是逃避型，但願意積極努力改變關係模板，那你可以給予他們機會。如果不是，那趕緊打包，趁早離開。要提醒自己，別讓人逼你怪罪自己，也別讓人怪你太敏感、要求太多或太脆弱。

如之前所說，焦慮矛盾型會在感情中索求大量親密感。焦慮矛盾型缺乏安全感，害怕被拒絕，在感情中經常感到不滿足。我們其實在功能性核磁共振研究證實：大腦中和情緒最有關的區域在焦慮矛盾型身上反應最大[11]。他們也最難控制自己冷靜。如果你發現自己是這類人，試著將注意力從「他／她會喜歡嗎？」，轉變成「我願意在這人身上投注感情嗎？對方能滿足我的需求嗎？」如果你和焦慮矛盾型交往，那你必須明確表達自己在感情中的立場。當然，安全和透明在任何關係中都不可或缺，但此時更要明確一點。

如果兩人都擁有安全型依附關係模板，照理說，你們不會像逃避型面臨獨立性的問題，因為你們兩人都不會害怕親密感。我相信你們已猜到，安全型是最好的伴侶。安全型天生適合談感情。他們

能有效回應伴侶的需要。他們不擔心失去伴侶的愛，對親密關係感到自在，能直率溝通彼此的需求。事實上，他們的世界觀比其他人更美麗，他們也期待生活能有更美好的事物。當然，在完美的世界裡，我們都會是安全型，並找到彼此相伴。但如果事與願違，也不一定都是壞事。安全型和逃避型或焦慮矛盾型交往時，他們的安全感其實能消弭對方的焦慮和不安全感。安全型會以安全之光照亮整段感情。

有時這樣就夠了。有時則否。


## 吸引彼此的依附模板

我朋友維克特是焦慮矛盾型。他最後總是和逃避型交往。這聽起來也許很奇怪，因為這配對下場一定不好。但這種情況其實很常見。

麻州大學教授寶拉・皮耶卓摩納哥（Paula Pietromonaco）和英國南漢普頓大學的凱薩琳・卡內利（Katherine Carnelley）決定研究各種依附模板之間的吸引力[12]。他們發現逃避型通常喜歡焦慮矛盾型。另一項研究指出，矛盾焦慮型女人通常會和逃避型男人交往。這沒道理，對吧？最著重獨立性的人，怎麼會受最會侵犯獨立性的對象所吸引？最渴望親密感的人，怎麼會受無法回應情感，寧可推開他們的人所吸引？你需要他們時，他們不會握著你的手，不會擁抱你，度假都和朋友出去，而不是你。他們不會處理兩人的裂縫，

因為裂縫更能有效保持距離。逃避型主導下，所有人最好乖乖就範。如果對逃避型而言，感情變得「太」親密，他甚至會視伴侶為敵。這個處境會變很可怕。伴侶待你如大便，同時大家卻以為他是黃金伴侶。對他來說，其他人對他的印象（甚至陌生人）比你對他的印象更重要，因為他覺得你是叛徒。你犯什麼罪？太過親近。但你似乎永遠離不開他……

雖然我們初步檢視會覺得兩者相斥，但研究者假定這兩個依附模板其實互補。依附模板會強化自我印象，鞏固在感情中的角色。我來解釋一下：逃避型的自我印象是他／她獨立自主，力量強大，能自力更生。這類人會理想化一切，甚至會因為自己不需要任何人，進而輕視需要的人。當另一個人試圖和他們拉近關係，超出他們所能承受，他們的自我印象會再次得到證實，而對方會被拒絕。

然後我們會一次次重複同樣的行為。

難過的是，我們過一陣子之後會習慣。我們會習慣對象疏遠自己，並感覺自己沒人愛，不受人渴望。這份感情像一場惡魔之舞，其中一方靠近，另一方就退開。他們彷彿刻意在玩弄我們的感情，只要一感覺到我們一腳踏出門，便巧工心計，選擇一個好詞，來個恰到好處的道歉，或做出體貼的行為將我們拉回。

碰。又上鉤了。

時間一久，我們會把痛苦、執迷和短暫的快樂時光當作愛。但你在做的，其實是將你目前的關係模板和熱戀同步。跳惡魔之舞夠多次，你最後會受無法滿足你需求的人所吸引。其實你找到**安全的基礎**（我們討論關係模板時會用的說法），獲得力量和安全感時，

你確實會感到快樂。前提是，你的關係模板必須在平靜安穩的狀態。而你被疏離、鄙視和嘲弄的話，不可能感到平靜安穩。那時你必須提醒自己的關係模板，那感覺不是愛，而是一種幻覺，你的關係模板只是在折磨你，因為它想再坐一次雲霄飛車。真愛不會主動和你保持距離。真愛代表安全感和平靜。

從現在起，答應我你評估約會對象時，標準會是他們能不能滿足你的需求，而不是你配不配得上他們。你們兩人能自在向彼此表達自己的需求嗎？他們會讓你覺得不知道該不該討論嗎？他們有心滿足你的需求嗎？


## 不再有鐐銬──為什麼單身比較「輕鬆」

單身時，我們和朋友相處便感到充實和快樂。我們不會受吸引力理論下的關係模板妨礙。所以只要我們保持單身，通常都輕鬆自在，快樂滿足。但我們意外遇到潛在對象時，滿足感會瞬間消失。你看到他們眼中的光芒，我們的關係模板馬上會運作。你這時已進入另一個階段，生活再也不只是在玫瑰花園散步。你愈接近這個人，你的關係模板愈能掌控你的行為。

在初步階段，關係模板就已在運作。在求愛階段，關係模板對你影響力最大，這時我們通常會面臨最大的挑戰。我們這時已和對象靠近，風險愈來愈高，關係若失敗，我們失落感愈大。這階段也會感到極大的不確定感。一旦我們到了忠誠階段，一切會平靜下來

（呼！終於有好消息）。這時我們通常會感到安全，不擔心失去。但如果關係出現問題，關係模板馬上會再次開始運作。

許多單身者覺得單身久了會找到平靜，而你遇到想在一起的對象時，這份平靜也會延續下去。可惜的是，這是痴心妄想。不管單身時多平靜、滿足和喜悅，你的關係模板一運作，你會發現自己心境已截然不同。要改變糟糕的關係模板需要與人相處，換言之：我們必須讓關係模板持續運作。如果我們想要有健康的感情關係，我們必須不斷約會交往。

依附模板解釋了對於焦慮矛盾型的人而言，維持單身有多麼誘人。比起其他人，戀愛對他們來說極其痛苦。不論有無意識，他們都會不由自主避開或破壞長期關係。所有生物都會避開痛苦，人類也一樣。短期而言，這是有利的做法。人類歷史中，這是人類首度能透過學習，營造親密感情關係的一刻。我們培養感情是出自自由意志，不是為了提高生存機率。我們是生存者，男女不需結婚，也能各自撫養小孩長大。但如果因為童年焦慮依附的問題，錯過夢寐以求的感情生活十分可惜。社會一般害怕親密感的現象，其實是誤會自由和獨立的意思。自立的人代表著能應付生活處境，或自己去購物，這些顯而易見的實際能力。但各位啊，捫心自問：一個正向自立的人無法和其他人建立親密關係，有任何合理的原因嗎？

## 我們為何老是選同一型的人？

我老是聽到朋友說類似的話：

「那個男生完全是安潔拉的菜。」

「她正是他的型。」

我們會以為這些話是在講外表。但這其實和內在特質（或特徵）有更大關係，我不怎麼想說，但很遺憾，我們通常會受負面特質吸引⋯⋯

舉個例子，如果我們內斂又安靜，我們可能會受外向積極的人吸引。如果我們不喜歡親密感，我們可能會選擇疏遠，比較不容易接近的伴侶。如果我們是控制狂，我們可能會找比較被動的人。一個蘿蔔找到一個坑，不是因為我們找到契合的人，而是因為我們的關係模板和心理學防禦機制同步。最糟的情況下，我們會根據後天的關係模板，繼續創造和童年相若的破壞性關係模板。

我們的自我形象也會影響我們會受何吸引。如果我們對自己沒信心，我們會覺得自己沒吸引力、不值得被愛，於是我們會受能證明這點的人吸引。你原始的腦袋會說：「寧可對付交手過的魔鬼⋯⋯」要逃出負面關係模板，你必須先意識到背後的動機。吸引你的人有共同點嗎？不見得那麼明顯，但注意一些蛛絲馬跡：這些人讓你感受如何？你想照顧他們？還是他們應該要照顧你？別人靠近你時，你會後退嗎？人格共同點可能會稍顯不同，但排列出來時，就能看出同樣的模式。一旦你發現自己是什麼模板，你可以將長大

的感情和童年依附關係連結。有畫面嗎？

你只要意識到模式，在約會時就可以重新思考你的選擇。你也許必須踏出舒適圈，或給你之前會排斥的對象機會。舊的模式很容易讓我們陷入迴圈，或走上錯誤的道路，讓防禦機制為我們選擇。但那真的是我們想要的嗎？

## 杯水半空型、黏人型和其他角色

我們重新聊聊杯水半空型、過度努力型、看碗外型、黏人型、一夜情型、小三型和自卑型。他們全部有不同的問題，阻止他們擁有良好的關係。我們為何有這些問題？問題來自哪裡？

**一夜情型**人如其名，他上次待到早上已是好久以前的事。他在初步階段也維持不久。一夜情型屬於逃避型依附，並想掌控一切。他父母會請保母，不接受孩子的要求。長期被放在一旁，他和父母感覺疏遠。成年時，一夜情型理智、善於社交、反應聰明，女人會為他傾心。性行為能滿足他渴望的親密感，但一見日出就感到危險。他會覺得焦慮，需要一人獨處。他呼吸到的第一口新鮮空氣宛如天賜，但幾天之後，他會感到失望，覺得真正的感情難以獲得。一夜情型的人感情一來到初步階段，他的關係模板就會運作。他會待在其中，想辦法做到愛，但達成後馬上退到自在的位置。一夜情型在初步階段來回，但每次對方都會換人。

**小三型**會愛上已婚男性，從來不和單身男子交往，而且可以和人夫約會很長一段時間。小三型屬於焦慮矛盾型依附，不相信任何人想和她擁有長時間關係。當情婦，她能創造一段長時間的關係，又不怕一切落空。因為對方已在另一段長期關係之中，和她的長期關係其實注定失敗，所以結局不會令人驚訝。小三型會步入求愛階段，可以維持好幾年。她知道情況對她來說不樂觀，並因此感到羞辱。但提到單身男子，她甚至連初步階段都不肯試，這些人無法激起她的欲望。這是因為小三型害怕被拋棄。如果她人夫男朋友真的為了她，和妻子離婚，她的關係模板會出聲抗議：「他接下來可能會離開你！」於是她會再次回到安全（且寂寞）的位置。

　　**黏人型**想要直接跳到忠誠階段。黏人型喜歡充滿熱情的關係，但她害怕被拋棄，輕易就會感到焦慮和壓力。她要對象和伴侶給予承諾。黏人型屬於焦慮矛盾型依附，這讓她們在初步和求愛階段會失去耐心。為什麼不直奔最後階段？那最好，不是嗎？她覺得較早階段的不確定性是種折磨，她從第一次約會就想確定這是不是真愛。這會把對她有興趣的男人嚇跑，她如果給他們多一點時間，他們可能會期待兩人的發展。於是一如往常，她站在原地向上看著感情的階梯。

　　**自卑型**也在初步階段就遭遇困難。他猶豫不決，女人對他有興趣時，自卑型的男人會自己找藉口消失。情況嚴重時，他會避開有陌生人的派對和活動。自卑型屬於逃避型依附，他心裡一直覺得自己不夠好。他的童年旁人總是在強調成功和成就，他的父親和親戚在學校和工作全都擁有高成就（或至少看似如此）。他父母告訴

他，好的工作、社會地位和薪水是幸福的訣竅。自卑型和親戚一樣讀好學校，但他無法符合他人的期待。他和潛在對象見面時，他的關係模板會告訴他，如果他無法滿足對方隱藏的期待，她會拒絕他。自卑型懷疑自己能否達成對方的期望，為失敗感到羞恥。別人不一定能看出自卑型的想法，但這會害他遲遲不敢踏入初步階段。他的關係模板會阻止他。

**杯水半空型**約會幾次之後，會開始找對象的缺點（《歡樂單身派對》〔*Seinfeld*〕的劇迷會想起傑瑞·史菲德的角色〔Jerry Seinfeld〕），而全部的「缺點」都會讓他分手。杯水半空型不願展示真實的自己，但他總是看起來很俐落。他屬於逃避型依附，他在前幾次約會都能順利打造出自己耀眼的形象。多約幾次會後，他開始了解對方，發展出共同興趣。自然而然，兩人應該會開始花更多時間相處，進入求愛階段。但這時杯水半空型會遇到問題：他的關係模板會阻止他，阻止他展現出自己需要伴侶的一面。他內心會變得過度批判，覺得對方處處看不順眼，並想著：我真的想談感情嗎？在求愛階段，所有疑惑都會讓這段感情觸礁。杯水半空型回到初步階段會自在許多，因為那時的感情不算認真。如果對方最後厭倦他不認真和散漫的態度，她便會跳下船，留他一人孤單在船上。

**過度努力型**注意力會全放在她的伴侶身上。她巴不得一切都滿足對方需求，在這段關係中幾乎隱身，最後這段關係會失去動力。過度努力型屬於逃避型依附，她感覺感情的初步階段最穩定。她假裝兩人已到求愛階段，但那只是幻覺。親密關係在初步階段不算深，也沒有承諾，她不大透露自己的事，並盡其所能讓對象開心。

但最後過度努力型的對象覺得該進入求愛階段時，他們會開始更常見面。過度努力型喜歡這主意！但可惜的是，雖然關係確實到了求愛階段，過度努力型仍表現得像兩人彼此了解不深。她覺得自己是理想女友，試著成為替男友量身打造的手套。但她只成為對方希望她成為的樣子，而不是真正的她，真正的她會慢慢消失不見，兩人無法進行深度連結。經年累月，最後她的伴侶會看透她的偽裝，發現自己完全不知道過度努力型的真實樣貌，彷彿還在第一次約會一樣。他們分手了，過度努力型再次回到單身。悲傷的是，過度努力型下次會再更努力一點，不會像上次搞砸。祝她好運……

**看碗外型**也是在求愛階段掙扎。這人有幾段感情，卻永遠卡在承諾這一關。看碗外型屬於焦慮矛盾型依附，他無法相信伴侶。他在初步階段表現如魚得水，也能輕易進入求愛階段。但跟這人在一起，求愛階段沒有盡頭。他可以長時間和人交往，但感情一直搖擺不定。「我應該留下，還是該離開？」最後看碗外型無法認真定下來，他的對象離他而去。


## 不同關係模板，不同問題

我們在感情階梯上的問題都獨一無二，端看我們每個人的樣貌。但一切都有類似的規律。或遲或早，我們面臨痛苦的分手時，關係模板便會運作，逼我們控制局勢。不同人有不同的控制方式。

逃避型依附的人會自我控制，包括自己退開、保持距離或（相

反的）適應對方的希望。但這股衝動出現之後，代表你們永遠無法真正了解彼此。

如果你屬於焦慮矛盾依附，你會試著控制你的伴侶。你會盡其所能保住他，要對方確認和承諾，確定對方全心愛你。

不論是哪種控制方式，依附模式都影響著我們，讓我們卡在感情特定的階段。如果我們想建立親密、永久的感情關係，我們必須想辦法擺脫模式的控制。但從歷史角度而言，它們能幫助我們種族存活。這就是我們儲存食物、水、燃料來為冬天和乾旱準備的原因。我們因此有保險、健保、司法系統和其他社會安全網，減輕我們對未來災害和未知事件的焦慮。我們有能力為未來潛在的威脅未雨綢繆。一般而言，控制是種資源，不是問題。嬰兒時期，我們最大的威脅是被父母拋棄，少了他們，我們無法存活。面對最初的威脅，我們會學會如何反應。怎麼展現？我們會觀察父母是否有離開的跡象，為了避免這件事發生，我們就會做出反應。我們不是試著控制自己，就是試著控制父母，因此發展出我們的依附模式。依附模式會盡可能讓我們親近父母，因此基本上，它和人類生存息息相關。其中的挑戰是，童年獲得的控制方法默默影響了我們的關係模板。長大後，觀察到同樣的行為時，我們愈焦慮，愈會依賴舊方法。我們和人出現親密感，關係模板便會評估被拋棄的可能性。這些評估會激起我們的情緒，讓我們嚐到被拋棄的恐懼。所以我們會怎麼反應？依據我們的關係模板，有人會握得更緊，有人則會抽離。

## 三種系統：行動、思考和情感

　　進入關係和三種系統交互作用有關：**行動、思考和感覺**。三者相互依存，彼此作用。但它們的交互作用因人而異。

　　我們仔細討論一下行為。人類問題通常是人類行為導致，它們會讓生活脫軌，偏離我們想要的生活。我們會重複特定的行為，形成系統化的錯誤，影響我們一輩子。

　　如果你想要改變人生，就必須改變行動。這不容易，舊有的習慣很難打破。如果你想改變處境，你也要發展出面對痛苦的新方法。雖然我們的依附模式會反抗，但我們靠近他人的焦慮和痛苦不像天災，其實不算實質威脅。內心發出的警告都代表著你將投入一段有意義的關係。如果你想親近他人，尋求長期關係，那你必須認出情境，並反抗自己對痛苦的反應。提醒自己你其實沒有危險。認清當下的處境：這是體驗人與人「兩心合一」的代價。


## 殺死恐懼的飛龍

　　要做出有意義的改變，第一步要了解你問題的來源。你童年帶給你什麼情感上的影響？

　　有的人接近對方會感到痛苦，心情無法負荷，於是最後放棄，回到之前熟悉的行為或處境。我們的角色（自卑型、黏人型等）面對棘手的感情，痛苦達到某個門檻後，他們便會放棄或忽視這段感

情。例如，如果杯水半空型想改變處境，進入認真關係，他開始對伴侶挑三揀四時，必須用別的方式調節心裡的痛苦。

　　我當然不希望大家覺得感情只是一杯毒酒，充滿痛苦和折磨。當然不是！但如果我們想要享受感情所帶來的美好感受，那我們也必須接受，創造和維持關係有時在情感上會有所負擔。對我們有些人而言，這比較像一場艱苦的戰鬥。這代表如果我們無法學會處理內心的風暴，就算你走入了99%的時間都很美好且滿足的關係，依舊會殊途同歸。我們所面臨的困境是，關係模板會讓我們深陷各個痛苦的時刻，想像各種威脅，害我們止步不前。它們想將我們拉回原本的橢圓軌道，讓我們逃離痛苦，在原地繞圈，而逃避的代價就是我們無法感受更深層、更有意義的關係所帶來的喜悅。雖然短暫的逃避能讓人滿足，但過程不斷重複之後，我們的寂寞和不滿會持續累積。不幸的是，我們的心理機制不見得能看清大局，過去不好的關係讓我們覺得不安，新關係便更難建立。但幸好我們可以扭轉這現象：我們可以面對恐懼的飛龍。如果我們想真的體驗真正的親密感和飽滿的愛，我們可以學習處理大腦連結的痛苦情緒，邁向有建設性和正向的結果。勇敢積極踏出一步，我們便可以改變關係模板，最後我們對自己和處境會感到更安心，未來能更容易創造真正的關係。

## 工具一：反其道而行

以下是《答案》一書的兩個工具[13]，展開一段新關係時能派上用場：

我們首先來聊**反其道而行**這方法。這能積極挑戰你的關係模板，意思是在你平常觀點下，你故意不做覺得自然、有邏輯和安全的事，反其道而行。**你必須將行為和思考及感受分開。**你可以事先計劃好自己的行動，便能忽視你的反應和感覺。試著用這方法：你先分析你爬上關係階梯時，通常會發生什麼事？你在我們的角色中有看到自己嗎？找出造成問題的行為或反應，分析那時你身處的情況。找出特定情況時，你便可以進行所謂情境分析。快拿起紙和筆！

### 情境分析（杯水半空型）

| 一、問題情況 | 我總是會在對象身上找缺點，讓我覺得很煩。 |
| --- | --- |
| 二、你在想什麼？ | 她不適合我。 |
| 三、你的感覺如何？ | 焦慮，充滿壓力。 |
| 四、你最後怎麼做？ | 分手。 |
| 五、短期獲得 | 分手之後，我鬆了口氣。 |
| 六、長期結果 | 錯失一個機會。再次單身，也許永遠都會單身？我感覺糟透了。 |

### 情境分析（一夜情型）

| | |
|---|---|
| 一、問題情況 | 我約了很多炮，卻永遠不想認識別人。我甚至待不了整晚。 |
| 二、你在想什麼？ | 我特別挑剔。 |
| 三、你的感覺如何？ | 我到回家大大鬆一口氣。 |
| 四、你最後怎麼做？ | 我天亮之前就走了。 |
| 五、短期獲得 | 我做到愛了（但只做愛）。 |
| 六、長期結果 | 我還是單身，沒有改變。 |

　　哪個情況，你能反其道而行？填好表格後，至少會發現可以努力的方向。看第四個問題，你寫下了你的反應。反其道而行是指，你要做完全相反的事。你不需要改變你所有的問題，至少當下不需要！循序漸進就好（畢竟，改變不都是這樣開始嗎？）從你做得到的開始，問題出現時，積極試另一條路，忽略平常內心會出現的想法和感受（有幾次經驗後，你便能著手處理下一個問題）。

　　以下是幾個例子：

| | |
|---|---|
| 以前的行為 | 我說個不停。 |
| 現在的行為 | 我決定閉嘴，聆聽對象說的話，並問問題，雖然靜靜聽別人講話對我來說非常尷尬。 |
| 以前的行為 | 我好怕被拒絕，我不敢和我喜歡的人說話。 |
| 現在的行為 | 下次我在酒吧或派對，我離開前要去跟五個人聊天。我不管我們聊什麼、是否心裡怕得要死，但我會接受。 |

| 以前的行為 | 我約會一切都要很完美，我只給自己最完美的。我好累，約會一點都不好玩。 |
|---|---|
| 現在的行為 | 我降低標準。我不要過度打扮，我不要努力選特別的地點和活動。我們去喝杯啤酒就好。我要做自己，不要批評自己，我要順其自然。 |

| 以前的行為 | 我一直吹噓自己多厲害，誇大自己的成就。 |
|---|---|
| 現在的行為 | 我下次要講個我個人特別有感情的回憶。 |

## 工具二：長途旅行

反其道而行能讓人練習承受巨大的情感壓力，有時特別辛苦。進步通常是向前兩步後退一步，有時你會累，並回到以前的壞習慣。難受時，你能以長途旅行的方法，幫助你消化約會過程激起的煩人想法和情緒。你準備要反其道而行時，想像你坐在車裡，準備要長途旅行，驅車前往你一直想去的地方，這次你加滿油，買了三明治，鄰居說會幫你餵貓、替植物澆水。今天沒有藉口。

你的車開上路之後，車窗外經過無數招牌。有的叫你停下來，有的是廣告，想引誘你偏離道路。但這趟旅程要前往一個美好的地方，那裡有無數你不曾體驗過的事物！所有招牌都只是舊有的想法和情緒，你每次突破，舊有的控制便會出現。你的任務是雙眼直視公路，忽略這些招牌。你仍會看到它們，因為你不能閉眼，但你不會聽它們的話。

我們來試試看：

夫拉維歐坐在車裡。他正在和費莉莎約會，他們出去幾次了。他們訂好下次約會日期，他很開心，但日子一天天接近，他開始想打退堂鼓。他想再約會嗎？這時候，夫拉維歐通常會開始考慮，這女人是否適合自己，並和對方漸行漸遠。但現在夫拉維歐也知道，如果他要看到公路的盡頭，他必須一直和對象見面，於是他咬緊牙關，做出違心之舉，和費莉莎繼續約會，不顧內心叫他回頭是岸的警告。他手放在方向盤上，望著地平線。「你配不上她。」、「她不適合你。」、「這段感情一定會很慘。」但他這次沒有取消約會。他堅持下去，專注在他的終點，不讓招牌影響他。招牌沒放過他，不斷寫著像：「你沒有受她吸引」和「她會害你生活窒息」。夫拉維歐的關係模板毫不客氣，千方百計要他開下公路，但他去了下一次約會，感覺其實不錯。夫拉維歐的心魔纏著他時，他就專心望著終點，忽略雜音，將它們甩在後頭。他盡他所能投入。也許最後一切順利，夫拉維歐墜入愛河，誰知道？

「這不會成功。」、「她不適合你。」、「這永遠不會成功。」這是我們的關係模板激發的懷疑，別被轉移注意力。它們無所不在是有原因的。通常我們心生警告是因為一切順利，我們走在正確的道路上。繼續向前吧。「我對這人沒感覺。」這句話暗示你

的對象有問題，但它其實是阻止你投入「危險的親密關係」，減輕你的痛苦。它不代表這段（剛萌生的）關係有任何問題。你現在覺得尷尬的「距離感」，意義也許正好相反：其實你內心深處對這個人有感覺。你唯一的解決辦法是「靠近」對方，建立親密感。那句蠢話可能隨時會出現，但不要讓它們阻止你。

另一個常見的一句話是：「等待正確的人。」這是在說你交往錯人了。萬一你夢想對象突然出現怎麼辦？我們許多人深深相信「靈魂伴侶」，但遺憾的是，這種想法通常來自我們的控制機制，它會卡住我們的思考，誤導並保護我們。就算你真的遇到「對」的對象，這些話還是會出現，因為老實說，我們理想化的五星愛人不存在世上。我們永遠會期盼未來伴侶多完美，長得多好看，生活多美好。

讓我們把一件事搞清楚：你不可能期待和每個遇到的陌生人都打造認真關係。當然，你絕不能接受別人羞辱你、忽略你的需求、輕視你或待你不好（關係中絕不能容忍暴力）。但我提供你一個小測驗，它能告訴你，你面對的是不是潛在的好對象。問問自己：我會跟這人當朋友嗎？如果答案是會，那我會說你面前這個人是潛在的好伴侶。如果答案是不會，那你該找下一個了。你腦中其他問題都別太相信。你們可能會像拼圖一樣契合，也可能牛頭不對馬嘴，但重點是，你爬上關係階梯下一階才會知道。先往上爬，然後你再進一步評論真實的情況。兩難的情況是：你和對象愈契合，你的控制系統愈會大聲抗議。儘管你精神出現膝跳反射，像一隻喝醉的猴子闖進法國餐廳，搞得天翻地覆，但請記得一點，你可能在和你這

輩子遇過最好的人交往。

我目前只討論到**反其道而行**和**長途旅行**兩種方法，但還有其他能幫助你改變行為的方法。

## 被危險的假象誤導

我們剛才聊了這麼多，你一定會覺得自己將走入一場感情龍捲風。

沒錯。

但重點是：根本沒有龍捲風。一切都在你腦中，龍捲風是你關係模板創造出來的危險場景。那是你童年（和基因）的產物，想讓你處理成年的關係，卻完全不適用。過去童年的模式和機制是為了阻止拋棄後被狼吃掉，但現在我們並未面對真正的危險。它們只是要保護你，避開預期被拋棄而產生的情緒。那不是現實的情況，你如果因此做出反應，才會造成傷害。如果我們壓抑不住舊有的衝動，我們才會造成真正的威脅——孤單。我說的破壞性行為包括控制伴侶一舉一動、長期只和陌生人約會、只約炮不談感情、欲擒故縱、只要感到無聊就打破新建立的關係（其實那反而是事情變有趣的時間點，而關係模板在抗議）。有人會當小三或出軌，有人只在度假時談戀愛，（無論有無意識）內心也都明白這些感情永遠不會有結果。有人一直害怕自己是不是好對象，有人故意選擇遠距關係（這代表永遠待在求愛階段，無法真心接受彼此），也有人抱有

不切實際的期望，常和不符合期望的對象分手。有人進到一段關係後，還會繼續和其他人約會，或和前任調情。

這些方式都會阻止自己建立一段健康、深度和滿足的關係。進入一段感情，你無法預期一帆風順，不用面對焦慮和難過等負面情緒。我們愈逃避這些感覺，它們愈能控制我們。我們讓控制機制掌控我們戀愛生活的話，原本一場刺激的冒險，會瞬間變成行走在一片陰鬱的泥沼。說真的，如果你卡在負面的軌道上，原地打轉許久，也難怪你不想再認識新朋友了。畢竟一直面對不變的結局，很讓人無力！我們會懷疑愛情，甚至拒絕去想感情的事，最後只和朋友相處，避免喜歡上對象的情況。你替自己挖個洞，決定自己最適合單身——但在那裡，只會有無盡的折磨，生活會停滯不前。也許對的人有一天終會出現，對吧？他不會帶給你各種難受的感覺……並不會。那根本不切實際。短期而言，逃避痛苦有效，但同時遠離了感情關係。

嘿，單身其實沒那麼糟。你不需要伴侶才能覺得自己健康完整。社會總喜歡塑造一個形象，說我們都應該「正常」，現代大家會覺得「正常」代表有伴侶，單身者通常會受此偏見影響，感覺自己是沒人要的剩男剩女。這點非常不正確。你單身其實是因為你選擇不要感情關係，不是因為世上沒人想要你。所以單身就要坦然自信。許多單身的人沒在找伴，也完全滿意現在的生活。如我之前所說，瑞典單人戶是最常見的人家（當然一個人住不代表一定單身）。一人生活其實是主流，各位。我認識很多好人，他們單身好久，有人完全不和人約會。其他人會約會，但還沒找到好人選。找

到對的情人非常困難，但那不是妥協的理由。總而言之，如果你真的想要有段關係，那你必須到外頭，多走多看。別讓關係模板阻止你去想去的地方、愛你想愛的人。

目前為止，你大概都懵懵懂懂，被動依據關係模板的指示行動。它依據它的期待，決定了你生活的樣貌。這些防禦機制在我們生活中確實有其用處，不應該完全去除，但你必須奪回主控權。學習控制，增加你找到親密關係的機會，讓你朝幸福圓滿的關係邁出一大步。

我們面對新對象需要時間「調整」。別太早逼人承諾，持續與對方見面，如果水到渠成，他們自己會欣然靠近你。展現最好、最真實的自己。在真實世界見面，確定你們在彼此面前能展現脆弱面。如果承諾仍感覺不踏實，找出對方對感情的立場和感受（你可能在和看碗外型約會，誰曉得？）也許他們對你真的有興趣，但在和自己的關係依附怪物搏鬥。如果他們願意努力掌控自己的關係模板，為何不給他們一個機會？如果行不通，那就繼續生活。

走進情感的龍捲風才能找到最後的彩虹！

## 愛能征服一切⋯⋯對吧？

所以⋯⋯愛就夠了嗎？

我們都知道答案：不行。愛很偉大，但不能征服一切。你可能在愛中悠游，但關係模板和個性仍會攪動渾水，不讓兩人成為伴侶。也許愛會讓你或甚至兩人都不開心，並在破壞性的關係中，耗盡你們的精力。

真愛代表我們的情感需求獲得滿足。它代表感覺安全、支撐和被愛，能讓我們變得更強壯。我們能轉移注意力，注意我們想要和需要的事物。它讓世界鋪展在我們面前，打開我們的創造力，讓我們勇敢冒險，我們會覺得有無數生活等著我們去體驗。我們相處的時間和關係不只會成為穩定的根基，也是能量的來源。我的意思是，請你想像這畫面：有個小孩在監護人的視線內。她的監護人是快樂和安全感的來源，孩子需要他們時，他們一直都在。這時候，孩子才能充滿好奇心和熱情探索世界。現在，想像監護人消失，或無法滿足小孩的安全感。小孩因此備感壓力，心情難過，她的注意力全放在監護人身上，甚至只是在找監護人。換言之，那感覺絕不是：「等著我，美好生活，我來了！」長大之後，我們也一樣。我們的伴侶無法滿足我們基本需求，我們漸漸會感到擔心和焦慮。我們無法茁壯，不論是自己，還是周圍的人。說到底，我們只是需求沒有被滿足，不是「予取予求」。就這麼簡單，別讓別人亂說。

有個有效的方法可以辨別你的對象（或伴侶）是否達到標準。你可以集中心力，保持尊嚴和溫柔，做最真實的自己，並清楚、明

確、公開表達你的需求，觀察他或她的關係模板。此時，你能將你脆弱的一面化為力量。你會害怕她離開嗎？告訴她吧。有別的事煩心嗎？鼓起勇氣向他坦白。無論結果為何，你都會獲得勝利。你得到的反應是有用的資訊，能決定你的下一步。要嘛他們會讓步（正確的反應），或他們不肯讓步（錯誤的反應）。注意：她有支持你嗎？你的需求對他來說重要嗎？無論反應為何，你都能更了解你的對象，這將成為你追尋快樂的羅盤。留下來，還是離去？大家會藉文字、行動和決定透露出他們的關係模板。

我有次聽到有人說：「人生煩惱莫過於感情。」

這句話深得我心。

# ♥ 你和我──永遠不分開

有的關係保存期限很短。有的能維持好幾年，有的能維持一輩子。你們關係能不能成功，究竟是由什麼決定？

我們剛才花了點時間，仔細討論童年和父母關係對成年感情關係的影響。尤其是交往前期，我們漸漸靠近彼此的時候。現在我們來看看方程式的尾端，這可能要花幾分鐘，畢竟答案也沒那麼簡單。雖然如此，但學術界喜歡挑戰，超過五十年來，他們一直研究維繫長期關係的關鍵要素[14]。

有個挑戰大多數伴侶都熟悉，那就是**如何從熱戀轉換到更深的連結，發展忠誠關係**。在接下來的章節，我們會看哪些因素能讓關係更進一步，你可以怎麼做來營造和培養。

## 天荒地老在一起

對吧……？

「從此他們過著幸福快樂的日子。」童話故事寫得很美好。但研究恰恰相反。美國和歐洲研究者進行一場超過十五年的研究，追

蹤在這段期間並未離婚的1761對夫妻。根據研究指出，熱戀期（我們飄飄欲仙的）平均約維持兩年。新戀情的興奮魔力退去後，至少以快樂指數而言，我們會回到戀情開始之前的程度[15]。2003年另一項研究確認了這點。

戀愛時，我們基本上隨時都很快樂（很吸引人，對吧？）我們做任何事時（尖峰時段開車、將碗盤放到洗碗機或刷牙），都會感到一陣愛意。研究者稱之為**激情之愛**（passionate love）。常見的特性有肉欲、強烈的渴望和強大的吸引力。平均大約兩年之後，我們會體驗到研究者稱之為**相伴之愛**（companionate love，「友伴式」、「純精神」或「無浪漫」之愛）。這是感情中較放鬆的狀態，但你們現在的連結可能更穩固。如果你接受熱情沒像一開始燃燒，那你知道這很正常。事情注定會如此。關係中，熱情也可能之後會重新點燃。對有養兒育女的夫妻而言，這通常發生在孩子終於搬出去之後。根據研究，沒離婚的夫妻是在一開始對彼此最「滿意」的夫妻。為了孩子在一起的夫妻……唉，小孩離巢之後，通常是壓抑的衝突爆發的時候。

## 熱情——能繼續燃燒嗎？

可以。

好吧，大概可以啦。這稍微複雜一點。為了幫助你了解，我要跟你介紹不同的愛。因為當然不是所有的愛都一樣，我們有對家人

的愛、對朋友的愛、也有浪漫之愛。浪漫之愛有不一樣的親密感，甚至有種命運的感覺。如大家所說：「命中注定。」浪漫之愛是個故事。你們有「自己的歌」，你們第一次見面的地方。也許你記得你們第一次四目相交。你會在日曆上記下日期，順利交往之後，你們會慶祝週年紀念日。你們眼中同時閃耀光芒，感到一瞬間的溫柔，內心出現共識，雙方界限消失，兩人合而為一。相愛的人會分享這份感受，並慶祝另一人的美好。兩個身體，一起生活。兩人結合的感覺如此強大，改變了我們的人生。

浪漫之愛也有各式各樣的樣貌。為求簡化，我會照上一節所提到的兩種類型，以最簡單的方式劃分：激情之愛和相伴之愛[16]。

你有沒有好奇過為何一開始會有激情？為何會消逝？激情的愛定義為兩人之間巨大的吸引力及強烈的渴望[17]。甚至能稱之為痴迷。鮑邁斯特（Baumeister）和布拉茲列夫斯基（Bratslavsky）兩位研究者認為，激情是關係開始時，身體各種活動作用下所產生。關係一開始，親密感會大幅成長，事事都令人驚訝：你們喜歡同樣的東西嗎？她家人是什麼樣子？你們喜歡同一道菜嗎？接著，我們更了解對方之後，新奇感變少了。根據鮑邁斯特和布拉茲列夫斯基的假設，新鮮感慢慢減少是激情消退的主因。

談戀愛會影響我們的神經化學系統，讓腦中分泌混合的化學物質。多巴胺會因為「狩獵」（或找尋）而分泌。當我們覺得自己找到「對的人」，多巴胺會大量分泌。催產素會透過身體接觸和信任感釋放。血清素則會因地位分泌。特定的人喜歡自己會讓我們心生驕傲，尤其如果我們在他們心中有特定的地位。腦內啡會因為痛苦

分泌，但也會因為哭和笑分泌。每個人都看過深愛的夫妻總是在大笑。我們和愛人失聯時，皮質醇雖然會讓我們難受，但也能幫助我們度過難關。畢竟要是我們依戀今生無望的對象，對生存和種族存續也沒幫助。只要我們仍保有激情，便能輕鬆躍過樹梢，沉浸在愛中，自由自在。

接著終局之日來臨，滿載興奮和喜悅的愛情特快車來到終點，多巴胺和它的朋友決定你享受夠了。那一天，你醒來會想：「搞什麼鬼，我才不想談戀愛咧！」你可能會怪罪另一伴，覺得他們變了，你再也看不到你愛上的那個人。也許你會覺得自己委屈，居然就這樣「定下來」了。也許你最後甚至換了對象，希望這次事情會順利。但熱情降低是可預期的事，回到原點是愛情發展的正常過程。下次發生時，請記得這天一定會到來。找個新伴也許短期能解決這問題，但你遲早會回到現在的感覺。你只是把電影往前拉，重看一次，並不會看到結局。

相伴之愛根本上和浪漫之愛截然不同。我們會與對象共織生活，培養出深沉真摯、相互奉獻的情感[18]。那份愛像是最好的朋友之間的愛，並知道對方在乎我們[19]。這種愛包含親密感和信任。激情之愛本質上火熱性感、閃閃發光，而相伴之愛則溫暖、包覆一切，它像是火焰燃燒完的餘燼[20]。如我所說，一般而言，激情只能維持兩年。

不過……

有的研究者認為，激情退去是特定關係發展的結果，不是無情的時間沖刷下，無可避免的結果。

## 愛情三角理論

本章前面，我們將愛分成兩種：激情之愛和相伴之愛。我們現在由此延伸至**愛情三角理論**（triangular theory of love）。這套理論能讓我們隨時評估任何關係的狀態[21]。

三角形的三個角分別為：**激情、親密感、承諾**（保證隨時在彼此身旁，並屬於彼此）。如果三個項目分數都很高，那就是一段完整發展的關係。你深愛伴侶，和他們關係親密，並且在一段彼此承諾的關係中。沒有激情或親密感，只有承諾的話……就只是承諾關係（缺乏情感的連結）。只有激情就是盲目的愛。缺少激情或承諾，只有親密感的話，相當於只有認可（朋友的認可）。三個角之間有無數可能，關係會在激情階段、親密階段甚至承諾階段（所謂「低潮期」）擺盪。理想的關係中，三方面隨時都很穩固。

我們聊過為何激情會消退，以及是否勢必如此。但不需驚慌，因為激情消退的話，有其他的元素能平衡，像友誼和共同價值，這通常比短暫的激情來得更重要。這是三角最穩固的一角，幫助我們以長期觀點維持關係。我們也知道我們不需因為在一起多年，就要待在毫無激情的關係中。尋找平衡是成功的策略，平衡才能帶來長期的滿足感。

關係中的高低潮頻率減少，其實對關係更有幫助。

# ♥ 熱情：化悲劇為神奇

是時候來談論熱情和期待之間的關係了。戀愛時像被雷打中、全身燃燒比較好，還是以更縝密（無聊）的方式尋找愛比較好？

## 耐心是美德

你在尋找長期關係嗎？

如果是，約會過程要有耐心，讓時間帶領你。

美國開國之父班傑明·富蘭克林（Benjamin Franklin）說：「擇友宜慎，棄之更宜慎。」如果你太快放棄他人，你會錯失良機，無法得知你們價值觀和目標是否一致，情感上是否能配合。太快換人也會讓你無法客觀評價關係，關係會變得不穩定、短命和不滿足[22]。研究者蘇珊·克勞斯·惠柏恩（Susan Krauss Whitborne）研究了她稱之為**同居效應**（the cohabitation effect）[23]的理論。同居效應是指伴侶有時關係進度太快，迅速同居和結婚，他們遇到困難不是因為他們不適合，而是因為他們操之過急。有共同價值觀非常重要。維吉尼亞大學W·布萊德福·威爾考克斯（W. Bradford Wilcox）教授指出：

「大家應該慢慢進入感情關係，並慎重考慮。」

想像你開始和某人約會，一切感覺很順利，你們有同樣的價值觀，看得到和這個人的未來。如果真是如此，那就繼續和他約會，享受對方陪伴，了解他，多接受他一點；判斷能不能培養出一段關係，或是否該找下一個人。如果你覺得少了什麼，直覺沒有來電的話，謹慎解讀這些訊號。


## 感情關係像鯊魚

驚喜有巨大的力量。新的事物會引起我們注意力，我們會注意和記得周圍的一切。關係缺少興奮和驚喜，變成平淡、可預測時，我們的激情會消退。一輩子都不會再感到熱情，因為那是一種虛耗。就算熱情沒消退，我們注定會習慣環境。過一陣子，我們往往會把新工作、新房和新伴侶視作理所當然，熟悉之後漸漸變冷漠。以瑞蒙・錢德勒（Raymond Chandler）的話來說：「初吻很神奇，第二吻很親密，第三吻變例行公事。」熱情消退也扮演著進化的角色。如果我們永遠無法脫下玫瑰色的眼鏡（然後每天沒日沒夜在房間做愛），我們什麼事都別想做了。我們會無法專心工作，忽略孩子，朋友會厭倦我們，其實迷戀和藥物成癮及自戀有同樣的特性。所以考量這一切，我們為何會覺得從激情之愛轉變成相伴之愛是退步？

熱戀狀態像藥物一樣影響著我們的大腦。顯然，「嗨」的狀

態消失，心中振奮感漸漸退去，會令人不開心。事實上，我們「天生」就喜新厭舊。新鮮感也像藥物一樣影響我們的大腦（多巴胺扮演主要角色）。我們會尋求性的變化，因為這樣能降低史前祖先近親繁殖的機率。換言之，伴侶變得熟悉，像家人一樣時，性吸引力就會淡去。我覺得我們全都知道，長期關係的欲火不會像剛開始一樣燃燒。兩年時間一到，我們自然會誤以為彼此不配，甚至關係出現問題。同時，我們心裡會覺得自己和別人在一起，事情可能會不一樣，可能會更好、更刺激、更有意義、更深入、更滿足。自己捧著碗，看碗外的菜感覺比較好吃之類的……

但先別哭！事情沒那麼簡單。《安妮霍爾》（*Annie Hall*）這部電影有句話：「感情關係像隻鯊魚。一定必須持續向前，不然會死掉。」長期關係必須自己一次次翻新。感情關係不只像鯊魚，也必須像房子一樣經常保養重建。某一刻，你必須換電線、修理地下室的漏水、更換暖氣機或甚至更換屋頂。學術界有人認為，在早期美好的火花變小之後，我們必須讓熱情之火繼續閃爍[24]。

而這絕對辦得到。


## 未知的元素

在一個經典實驗中，亞瑟・艾倫（Arthur Aron）給第一組的夫妻一張兩人都「有興趣」的活動表（看電影、拜訪朋友、煮飯等）[25]。第二組的夫妻，他則給他們許久沒去的「刺激」活動（跳舞、去音

樂會、滑雪等）。研究者請兩組夫妻選擇其中一項活動去做。他們一週要一起做這件事90分鐘，維持十週。之後，參與「刺激」活動比起參與「有興趣」活動的夫妻，對婚姻關係更滿足。換言之，一起練習技術（做刺激的新活動）會讓關係更為滿意（愛情生活也更有熱情）。尤其感情關係變平淡時，重訓、學習或一起執行計畫能幫助愛意增長[26]。根據〈九年後無聊婚姻滿意度偏低〉（"Marital Boredom Now Predicts Less Satisfaction 9 Years Later"）研究指出，在感情關係中，必須盡其所能避免無聊[27]。

長期關係能保有熱情有另一項研究能佐證。研究中，40%的夫妻表示熱情應該要消退，但他們對伴侶仍有強烈的愛[28]。腦部掃描也證實，即使時光飛逝，感情中的熱情仍能繼續燃燒[29]。所以也有好消息，嗯？

那祕訣到底是什麼？

強烈的情感是影響因素之一。如果我們的感情繼續讓我們感到強烈的情感，便能增強熱情，也不會把感情視為理所當然。如果有點不確定性，便能加強我們在正向情況下的滿足感。根據哈佛和維吉尼亞大學多項研究指出，如果有人接受到別人的善意，但不確定動機和對象，他們能感受到較長的快樂。另一個研究中，參與者會收到飲料。他們不知道飲料為何時，腦中反應正向情緒的區域會更活躍。這可能也解釋了為何做刺激活動的夫妻（之前提到的研究）在感情中能感到熱情和滿足。

有趣的是，比起穩定和可預料的情況，意外似乎能讓我們更滿足。埃絲特・沛瑞爾（Esther Perel）在她的書《性欲》（*Lust*）[30]中提

到這點。性欲某方面來說充滿不確定性。沛瑞爾也討論了神祕感：「欲望要長期保養，需要在熟悉的例行公事中加入未知的元素。」我們藉此可以看到伴侶另一面，彷彿看到我們不認識的人。這樣一來，我們能重新感受他們的神祕感。激勵講師安東尼·羅賓斯（Anthony Robbins）一語中的：「熱情和你能承受的不確定程度成正比。」

追尋熟悉感，一切都在預測中，會讓人類失去興趣：我們需要有所控制，但也希望能維持對伴侶的渴望。欲望和穩定充滿矛盾。

事實上，我們對活動的熱情（例如愛好）和我們對伴侶的熱情非常相似[31]。其實享受個人發展的活動（自我擴張），關係的品質就會提升[32]。發展個人興趣和能力，熱情也會提升（例如，透過興奮的新體驗），因為我們會對伴侶感到更正向的態度[33]。換言之，興奮或充實的活動能增加生活的熱情，也能增加對愛人的熱情。「對生活的熱情」基本上意思就是：追求我們喜愛和珍惜的活動。熱情可以是在活動（彈琴、踢足球）、人（愛人）或東西上（蒐集垃圾桶小子公仔）。但為了對感情關係有益，我們必須將精力投注在**和諧型熱情**（harmonic passion），而非**強迫型熱情**（obsessive passion）[34]。我們專注在和諧型熱情的活動時，我們能控制要投入多少時間在上面，並能融入生活中。我們在進行和結束之後都能有正向感受（正向情緒、專注力和流動感）。但我們的活動是強迫型時，我們的欲望會讓我們失去自我。我們會失去主控權，讓我們感到焦慮。這種活動很難融入生活，包括感情關係，最後會造成負面情緒。

兩者都是熱情的類型，但要培養對你有益的熱情！[35]

## 我們應該降低期望嗎？

哲學家艾倫・狄波頓（Alain de Botton）在《為何你和錯的人結婚》（*Why You Will Marry the Wrong Person*）書中寫道，現代的關係都有著不切實際的期待。另一個讓我們選擇錯的人的原因是，如果我們覺得單身很痛苦，隨時都想像逃獄一般逃離單身，我們最後會做出糟糕的決定。根據狄波頓，我們和人展開關係前，必須在合理範圍內精挑細選。為了成功，首先必須要在缺少感情的情況下好好生活。

除此之外，狄波頓表示一人生活無法滿足我們所有的需求和欲望。這對我們大多數人來說不意外，但他進一步深入探討這情況：如果我們發現每個進到我們生活中的對象都讓我們難過、沮喪、發怒和失望，那我們「最佳」的選擇就是「最不雷」的對象。聽起來像安慰獎，對吧？

我們不會意識到行為和選擇的動機。在〈我們在一起了嗎？〉這章中我們提過，我們背負著許多童年的包袱。根據狄波頓，離婚和衝動結婚息息相關，人生會劃下千篇一律、充滿問題的軌跡。對於結過幾次婚的人來說，第二和第三次婚姻通常不比第一次好過。我們會相信自己活該，或也許我們是在彌補童年的缺憾。例如如果父母被動，你可能會選比較有主見的伴侶。如果你有比較強勢的父母，你可能會選擇有權威的對象，加以反抗，或也可能會選更順從的另一伴。另一個例子是你感覺自己虧欠家庭，必須「還債」。如果小時候父母一方身體不好，也許你會排斥照顧生病或有需求的伴侶[36]。

接著我們要處理討厭的「靈魂伴侶」概念，這概念是在說世上有一個和你完美契合的另一伴。有73%的美國人相信這件事[37]，IG上隨處可見夫妻親吻照，並在文字中強調這點。研究這現象時，研究者愛道森（Eidelson R. J.）和愛柏斯汀（Epstein N.）發現，高度浪漫化的愛情聽起來無比美好，但會讓期待出問題。這些信念其實和關係失調有關[38]。所謂靈魂伴侶信仰（相信命運及兩人關係是「命中注定」）代表你會找到一個絕對不會有問題的伴侶，輕鬆相愛，不會受傷，自由自在。你遇到問題時呢？哎呀，我想他們終究不是你的靈魂伴侶……反思這些期待之後，我們勢必會發現，沒有問題的關係只是痴心妄想。問題出現時，有靈魂伴侶信仰的人也會更快脫離關係[39]。不幸的是，他們某些人因為對關係有不安全感，更傾向報復[40]。

另一方面，如果相信事情能積極解決，對於感情關係更有幫助，也能讓兩人克服或承受問題。

總而言之，有的期待對你有益，有的則否。找到那些對你和關係有益的期待。這一切研究結果指出，求愛之前，你可以先為夢想的關係做好準備，享受單身生活、改善個人形象、耐心約會（好好認識彼此），讓時間展現魔力。

## 良好關係或單身

我們有三個選擇：好的感情關係、壞的感情關係和沒有感情關係。這件事你我都懂。但只有兩個選擇值得考慮，因為壞的感情關係其實有害健康。

研究指出活在壞的感情關係中，可能會造成憂鬱、影響身體健康，當然關係也更容易失敗。我們身體細胞中具有端體。每次細胞分裂，端體就會變更短。無論實際歲數，端體愈短，身體愈衰老。所以我們希望端體維持長度，不希望它太早變短。壓力和抽菸會讓端體變短，破壞性的感情關係也會。根據研究，端看兩人關係史，雙胞胎的生物年齡差距可以高達十年[41]。

# ♥ 當個樂觀的人
## ──或至少找個樂觀的人

　　你怎麼做才能快樂？或至少感覺比較快樂？你吃完飯要多散步嗎？偶爾要跳個舞嗎？一個月看兩次心理醫師？報名藝術課程？或也許空手道練到黑帶？

　　找個有趣的事投入，讓你感覺最好──是為了自己。最後其實也為了關係，因為散發幸福的人自然也能振奮伴侶。

## 蜂蜜VS.醋

　　根據〈親密關係中的樂觀主義：為何樂觀看待事情能如此〉（"Optimism in close relationships: How seeing things in a positive light makes them so"）研究指出，樂觀的人對於關係更滿意[42]。研究認為，這是因為樂觀的人更注意伴侶的支持。這個特點（感覺伴侶的支持）對於關係有強大的作用。例如，面對他們和伴侶對衝突的反應，樂觀的人有更具建設性的觀點。由於他們態度正向，一週之後，他們更會覺得衝突導致了進步。樂觀的人在感情關係更滿足，分手的機率也因此降低[43]。用白話來說：誰想離開美好的事物？

對樂觀的人來說，生活許多方面都更順利。他們處理日常生活更有效率，也有更正向的精神和身體[44]。他們社交技巧好[45]，友誼維持更久[46]，也更受人歡迎[47]。主要是因為他們整體更滿足、快樂和正向。和他們相處很輕鬆，也比較好應付。

所以樂觀的人是怎麼來的？如果你想成為一個樂觀的人，可能要了解一下。所謂樂觀的定義是「認知上傾向期待正面的結果」[48]，關鍵因素是樂觀的人會以不同的角度解讀他人的意圖（他們認為杯水半滿）。

### 人生意義由你賦予

有些人覺得事件背後都有意義，而他們對於經驗，解讀也比其他人更正向。這種樂觀傾向對於感情關係有益[49]。所以下次事情不順利，看能不能找到正向的角度，讓一切感覺值得。如果想做煎蛋捲，你一定要打破幾顆蛋，所以盡力而為。

## 快樂：你的白金卡

更長壽、更少病痛、更長的婚姻、更少犯罪。更創意、更有職業道德、更好的工作表現、更高的收入和更有能力幫助他人[50]。

這些人生好處的祕訣是什麼？

快樂是關鍵。快樂的人更能成功達成目標，快樂能讓我們追求和發展感情關係，思考更有創意，更有好奇心，對新的活動保持興趣。快樂不只對你有好處，對周圍的人也有好處。

所以快樂究竟是什麼？基本上，快樂是感覺人生美好，感覺很有意義、很享受和滿足。你可能聽過這類感想：快樂是取決於你對處境的態度。正向情緒下，個人資源會無止境拓展和加深。快樂就像薪水一樣，你可以自由使用（請先付房租），也能在各方面改善你的生活。時常微笑能讓生活中的困境變得更能忍受，壞時光感覺會變短，好時光感覺會延長。我們高興時，我們做所有事都能做得更好。快樂能改善健康、延年益壽、減少感冒的頻率。有一項研究調查了180名修女生活中的情緒，以及情緒如何影響整體健康[51]。研究者檢視了修女在二十二歲寫的個人信件，找出正面或負面情緒的字詞。將這些信件和她們接近死亡（七十五歲至九十五歲不等）的信件比對，看她們是否變得更正向或負面，科學家藉此來判斷正向態度會如何影響壽命。最正向的前25%的修女和最負面前25%的修女相比，快樂的修女平均歲數高出十年之久。以另一群人進行類似的研究也得到一樣的結果。笑聲真的是最佳良藥：大家說多笑能活久一點，可不是在開玩笑……

在研究者艾德・迪納（Ed Diener）和羅勃特・畢斯瓦迪納（Robert Biswas-Diener）的《快樂》（*Happiness*）一書中，他們描述所謂快樂的「心靈財富」有三個方面，分別為**健康、人際關係和有意義的活動**[52]。三者直接和我們快樂與否相關。如果我們缺少正向情緒，快樂當然遙不可及。這三方面會強化我們的快樂，並能打造正

向迴圈——快樂能讓我們在這三方面更成功，成功能帶來快樂，因此讓我們更成功，我們也就更快樂……

除此之外，你也會成為更好的另一伴。

## 感受快樂的兩個關鍵元素

如果你在尋找快樂，將能量投入能讓你開心享受的事，以及有意義的目標[53]。同時你應該避開痛苦（除非是在對抗自己的關係模板），或感覺沒意義的事。這件事簡單明瞭：如果在有目的的活動中感到喜悅，你的快樂就會增加。這在專業上稱之為快樂目標原則（Pleasure-Purpose Principle）。這原則是《設計幸福》（*Happiness by Design*，今週刊出版）的作者保羅·多蘭（Paul Dolan）所建立，我們的決定、選擇、行動、注意力和社交能力都對快樂有所幫助。據他所說，我們的注意力就代表我們[54]，所以我們應該要將注意力放在能讓我們快樂的事物上。

換言之，快樂就是在日常生活中同時找到開心享受的事和有意義的目標。

# ♥ 稱讚 VS. 批評

　　找到對象，進入一段認真的關係需要時間，而共同生活（許多人能證實）不總是一帆風順。重點是盡你所能保持正向的氣氛。我想花一、兩章提供一些訣竅，幫助你在約會的旅程中陽光普照。

## 稱讚

　　想像你覺得伴侶不欣賞你。你為他們付出，想讓他們開心，但他們不曾承認你為他們的努力。那感覺會好嗎？你會願意為這個人做些小事，甚至是大事嗎？

　　《個性和社會心理學期刊》（*The Journal of Personality and Social Psychology*）出版一項研究指出，（真誠）讚美能增進夫妻關係的滿意度[55]。這不代表伴侶早上為你端杯咖啡，你就要打造泰姬瑪哈陵。只要一則訊息，謝謝對方幫你拿了一杯咖啡，或謝謝他們洗乾淨外套的汙漬，同時表示你有注意到。在現實生活中，不管是電話或訊息，只要給對方讚美時，都能表示無論他們在不在場，我們都有想到對方。以下是一則你可以說的話：「拉蒂莎，我喜歡跟你下

棋。」或「謝謝你昨晚準備的晚餐，氣氛真的弄得很好！」、「吉納特，我知道我有時會忘記，但我真的很感謝你為我做的一切，我真心感激。真的對我來說意義深重。」你可以稱讚對方的想法、外表、動機和態度，以及他們如何專注在目標上，或甚至（好啦！）他們在床上的表現讓你感覺多舒服。重點是要發自內心，所以保持真誠，試著給予特別的稱讚。例如，如果大家整天都稱讚他腹肌，那也許你可以稱讚他的笑容。注意細節。我們全都喜歡聽到別人說我們有魅力，但聽到原因，其實更會說到心坎裡。如果你不會稱讚人，試著表達你的感受。告訴她上次出門時，你見到她時感覺很開心。你想念她嗎？如果想念的話，就告訴她。練習坦誠說出自己的感受，最後甚至能分享不只是輕鬆、快樂的感受。

## 同理心——至尊特質，天下無雙？

同理心是你最好的工具。如果你找到有同理心的伴侶，你擁有美好關係的機率會提高，也許也能維持更久。如果你們兩人都有同理心，那你們的關係更有機會成為黃金案例[56]。

所以究竟什麼是同理心？

同理心傳統上定義為：「當事人需要幫助時，他人採用當事人觀點（例如想像其想法與感受），產生與當事人一致的情緒反應[57]。」換言之，就是你感受其他人感受的能力。一般人普遍認為，同理心能讓我們幫助需要幫助的人，身為人類，讓我們更能和睦相處[58]。以

人類的特性而言，研究者認為我們有同理心，主要是為了讓我們注意孩童，留意他們的需求。如果人類沒興趣保護和小心孩子，我們根本無法存活下來。由於我們有稱為**認知類化**（cognitive generalization）的能力，我們的同理心（我們和小孩連結的情感表徵）也會影響我們對其他人，甚至是動物的反應[59]。其他社會性動物也表現出一定程度的同理心。例如大象會為過世的族群哀悼[60]。

同理心大大影響了感情關係[61]。關係存在同理心，我們會感到情感支持，讓我們變得更滿足[62]。要記得，我們在關係中必須溝通感受，才能深度交流。不然，你會卡在關係階梯較低之處，錯過真正美好滿足的親密感。


## 要注意舉止


有項研究請受試者分享他們接受過最好的稱讚[63]。132人中，只有12人舉出外貌的稱讚。大多數人喜歡的稱讚（無論男女）都是關於他們的情感（通常和關係及伴侶之間的情感連結），再來是他們的個性。

儘管如此，要小心期待你回報的人，因為他們稱讚你或幫助你，只是想邀你去看電影之類的。在那之後，他們會突然說類似「什麼？連對我微笑都不肯嗎？」如果你的對象有種「聽我的話，不然滾」的態度，並希望你乖乖聽話、唯命是從，你一定要小心。如果你的對象期待你完全獨立，或不願支持你和公平待你：「那不

是我的問題，自己解決。」這樣也非常不公平。我們需要能聆聽我們的對象，而非嘲笑我們的人。在關係中來來回回，一下遠、一下近的對象會讓關係不健康。態度一下冷、一下熱的對象會藉此保持距離，也許甚至暗示「我其實不適合談感情……」你永遠搞不懂自己跟對方交情多深，因此你會一直感到不確定和不安。如果對象跟前任沒有以健康的方式「劃清界限」，拜託避開這些人，就算他們彷彿快分乾淨也一樣。務必提醒自己，「逃避型」會用盡策略和你保持距離。另一種爛咖則是讓人感覺生活毫無目標、毫無意義，最後你們的關係一定會因此出問題。對生活毫無感受的對象也一樣，他們也很難一起生活。

### 「你能幫我個忙嗎？」

如果你希望別人喜歡你，主動送對方一點禮物、為對方做些事滿合理的。但大多時候，要求別人比給予對方效果更大。這叫富蘭克林效應（Benjamin Franklin effect），這現象是指別人對你的行為會影響其他人對你的態度，反過來說，我們對對方好的話，我們會更喜歡對方[64]。除此之外，這也是尊敬的意思：你承認對方技術和經驗比你更好，讓對方獲得肯定。記得你的小要求不能太過分，要讓他們很輕易就能幫助你。不要要求對方前往像北瑞典的呂勒奧那種「偏鄉」，把你童年老家的鋼琴搬到你斯德哥爾摩市中心的四樓新公寓，而且還沒有電梯，也沒有車位。

# 批評

如果稱讚效果很棒，那不意外的是：批評效果完全相反[65]。

有項研究針對65對夫妻，研究稱讚和批評的影響。研究者第一個注意的是並非所有批評都有同樣負面的結果，最大的主因是批評的方式。感情關係較好的夫妻批評的方式：**一、比較不負面。二、有更多眼神交流。三、給彼此開口的機會。**請注意並好好應用這些小訣竅，因為用負面的做法（如大發雷霆、鬧得天翻地覆）會傷害關係，尤其情緒可能會失控。你原本想說的一點真話，可能會被情緒淹沒[66]。

根據約翰・葛特曼（John Gottman）博士，在感情初期，負面批評（如攻擊個性）一開始就該視為警訊，因為嚴厲的批評可能會導致反覆感到羞愧和傷心。回嘴和發脾氣對彼此都沒有幫助。給予負面批評時，態度輕蔑、充滿敵意或挑釁，會讓關係陷入惡性循環[67]。同時，就算過程不愉快，給予批評和建議不一定是壞事[68]。長期來說，不時聊一下，發洩一點情緒，其實對關係是好事。如果你不開心，需要情況改變，試著說出讓你不高興的事。如果你不講，你會一輩子耿耿於懷，最後爆發分手。說出你的擔憂（並保持冷靜）能強化關係，因為你們的關係對雙方都有益。

重點是要記得，關係必須擁有正向態度。人生沉重的課題出現時，正向的態度能讓關係更穩定和快樂[69]，也能讓事情更順利[70]。維持正向態度（最好兩人都如此），討論難解決的問題時，避免造成負面的惡性循環。

與不快樂的夫妻相比，快樂的夫妻有兩點不同[71]：他們眼神會交流，而且對話很正向[72]。這兩個動作能給予對方專注和投入的訊號，幫助兩人維持親密關係和緊密感[73]。我們愈能給予伴侶信心（以支持和安慰的方式），我們身為夫妻就愈開心和滿意。

說話是關鍵。

避免壓力也很重要。壓力會導致負面態度，導致伴侶之間負面交流。我們壓力愈大（想像你重要的每月客戶會議遲到，或你的嬰兒在超市大哭），愈會有負面行為[74]。我們會更容易語出批評，更容易生氣，在分歧上浪費更多時間[75]。壓力會害你不看好這段關係[76]，最後會讓你和伴侶距離愈來愈遠[77]。更糟的是，這一切會增加出軌的機率[78]。

壞事一環扣一環，但好事也是如此，所以為了讓晚上維持正向的氣氛，有重要的事情要談論時，試著事先安排，讓兩人都好好吃過飯、睡飽覺再開始。


## 對不起！

多數感情中，憤怒和受傷最終都會出現，所以美國記者和幽默作家羅伯特・奎林（Robert Quillen）的精準觀察不算意外：「兩個寬恕者結婚才會有快樂的婚姻。」研究支持他的說法。根據一個研究了二十年的研究，成功關係的關鍵是尋求原諒和原諒他人的能力[79]。

想像有一天你讓伴侶難過、受傷、生氣。換言之，你搞砸了。這時最自然的做法就是尋求原諒[80]，這能夠幫助你和伴侶克服衝突[81]。所以「對不起」要包含哪些部分？

道歉要考慮以下幾點：

♥ **兩人關係承諾愈深，伴侶愈容易原諒你**[82]。
♥ **關係愈滿意，也愈容易獲得原諒**[83]。
♥ **如果事情不是故意的，那更好**[84]。

成功的道歉一定要出自真心，發自肺腑[85]。老實說，只有真實的道歉才能解決問題，並修補（甚至改善）你的關係。短短一句道歉通常不夠。你需要認真解釋，而你的努力會突顯你的真誠。

進一步的研究指出，好的道歉有8個重點[86]：

♥ **直接表達**：「對不起。」
♥ **表現後悔**：「我希望我沒做／說那件事。」
♥ **接受你的錯誤**：「是我的錯。」
♥ **承認你傷害了別人**：「我了解我傷害了你的感情。」
♥ **保證你會改進**：「我不會再犯了。」或「我現在知道我說那種話，你會感到難過，我不會再那樣對你說話了。」
♥ **表達另一個人的道歉對你來說很重要**：「你能原諒我嗎？」或「我那樣傷害你，我好氣自己。」
♥ **表達願意修補關係**：「我想彌補你。」或「我能請你吃晚餐，讓

我們好好聊這件事嗎？」

♥ **提供解釋**：「我在氣老闆，我接電話時還在不高興，所以我對你口氣不好。」或「我遲到了，因為高速公路上出了一場大車禍。」

# ♥　如何正確吵架

　　雖然在感情中，我們很容易瞎了眼，但我們通常都知道我們是否在一段良好的感情關係裡。如果感情不順，想想以下問題：你們兩人之間偏正面還是負面？

　　本章是關於如何讓感情關係維持在正軌。

## 維持正向的比例──5：1

　　不是所有負面的事都一樣有不好的下場，或會破壞一段感情。一般來說，感情中正面和負面的事比例應該為5：1。約翰‧葛特曼和羅勃特‧雷文生（Robert Levenson）在1970年代研究夫妻關係後，建立了**葛特曼原則**（Gottman principle）[87]。每次有負面交流後，我們應該至少要有5個正向交流，每句負面評論後，我們應該要說至少5個正面的事。葛特曼和雷文生請夫妻在15分鐘內解決爭端。然後他們拿起紙筆觀察記錄。收集和追蹤分析超過九年，而他們從15分鐘的交流中，便能預測夫妻會不會離婚（正確率高達94％）。

　　所以差別是什麼？

快樂和不快樂的夫妻差別在於爭論中，兩人正面和負面交流的平衡。能預測他們的愛能否永久的神奇比例是5：1。成功的夫妻更常笑，有正向的態度，相處也更嬉鬧。如果正面和負面交流比例是1：1，他們將面臨大風大浪。但光是警鐘響起，不一定代表關係即將觸礁。有的夫妻即使生活痛苦，他們仍一起度過一輩子。葛特曼團隊能確定哪些人關係良好，哪些人溝通不良，但5：1不是關係中必然的比例，每種關係有不同的需求。例如，父母和小孩（未成年）應該超過3：1。老闆對員工？4：1。朋友？8：1。

　　原則上，負面交流會破壞關係，需要大量正面交流洗刷。因此比例是5：1。衝突之後，同情心和認同（確定伴侶感覺自己受到聆聽、理解和認同）是修補傷害的關鍵。

　　話說到此，我要告訴你，在感情中憤怒沒那麼可怕，但最重要的是我們如何表達憤怒。對關係最有害的行為是情感拒絕、批評和防備。你可以生氣，但不要刻薄、無禮或不公平。根據心理學家埃絲特·沛瑞爾：「分手不是問題，問題是偽裝。」我們在關係中如何保持和諧？根據沛瑞爾[88]，感情關係會在和諧、不和諧和修補之間循環。或你可以說連結、幻滅和重新連結，我們會慢慢分離，但後來再次找到彼此。沛瑞爾認為最重要的是我們要有能力，和我們之前感受到的愛重新連結。我們如何爭吵和不合其實不重要。

　　但大家也形塑著彼此，我們和不同的人在一起也會變成不同的人。例如你會發現你在新關係裡很安靜，但以前不曾如此。或也許你通常安靜得像隻老鼠，但在新的關係中，你變得嘰哩呱啦。我們每個人隨時會變化，而我們每一段關係都會改變。

你有沒有想過，衝突是一種能量的平衡？一人的怒火升得愈高，另一人會被迫退後。這就是一種力量的平衡。

根據研究，分居的風險最高的時間（平均而言）是七年之癢和夫妻的第一個小孩大概到十四歲的時候（假設他們有生），在記錄中是眾多關係滿意度最低的時候[89]。研究也預測，關係早期爭執時，如果有許多衝突、態度負面的話，兩人通常會分手或離婚，但隨時間變長，對關係傷害較小。研究預測出日常缺少正向互動的夫妻的結局，但到婚姻後期也比較不危險。總而言之，不論事情或關係是否順利，互動正向對你們關係最有益。保持正向，從心底說好話。如果你覺得忍不住想批評，記得批評行為，絕不要攻擊人格。

感情關係和幸福美麗的地方在於他們是種循環，彼此加強輔助。幸福的人享受更好的關係，好的關係讓我們幸福。所以抬頭挺胸吧，你感情中的行為和情緒愈正向，你的關係愈會幸福穩定。你會更快樂，關係更穩固，伴侶更滿足。雙贏！

# 感情關係中的溝通行為[90]

　　大多數行為可以在現實生活中透過電話和訊息表達。要記得和現實生活中一樣，在訊息和電話說的事會影響你的關係：

**正向行為／因素**

- 傳送清楚明白的訊息[91]
- 聆聽他們，對伴侶展現同情心[92]
- 對話時保持尊重[93]
- 表現出奉獻[94]

**負面行為／因素**

- 批評[95]
- 退縮、迴避或忽略伴侶[96]
- 普遍負面[97]
- 缺少共同感（缺少「我們」的感覺）[98]
- 表現出對關係的失望[99]

## 聲音放低

關係美好的夫妻和關係缺乏活力的夫妻處理衝突十分不同。首先，他們爭論時語氣會較輕柔。他們也會經常強調正向的事情，提到關係中大大小小的美好之處。類似以下：

- ♥ **表達興趣**：問開放問題並點頭。簡單的舉動就夠了。
- ♥ **表達你的奉獻。**
- ♥ **展現出你的伴侶很重要**：維持好的舉動，便能靜靜營造出正向的緩衝。
- ♥ **表現感謝**：強調伴侶的正向特質、他們的正向成就，以及你們共享的正向時光。

吵架時，找到彼此共識很重要，表現出同理心，請求諒解，接受伴侶觀點，然後（認真）開些玩笑。打鬧能加分，你多蠢也不重要，只要記得保持尊重，確定笑話是兩人都笑得出來的。激烈吵架時，打破張力最好的方式就是幽默感。

根據溝通心理學家海因‧吉諾（Haim Ginott）博士表示，批評時可以採用一種**XYZ方程式**（the XYZ-formula）來溝通，這樣就不會激發伴侶的防備心和反擊[100]。這方法是這樣：

**你做了X，讓我覺得Y，我希望你做Z。**

實際的例子：「你沒打電話給我，告訴我你晚餐會晚到（X），我覺得你把我當作理所當然（Y）。未來，如果你要晚一點到家，請打電話告訴我（Z），謝謝。」

小心注意說法，我們就不會責怪對方令我們失望，而是在談論他們的行為。坦白說出自己的感受，而非他們如何，這就是說明和責怪的差別。責怪會讓人反彈，說明能合理傳達自己的想法。另外，注意一點，我們是在請對方配合，我們不會要求他們就範。

如果你用這方程式謹慎說明自己的失望，但伴侶以負面方式回應，例如：「我哪知道我做X時你感覺到Y，我現在知道了，但我才不管。」那當然，你也藉此明白了關鍵的一點⋯⋯

# ♥ 愛本該盲目——至少一點點

　　我們戀愛時，通常會透過玫瑰色的眼鏡看對方。這樣會不會太天真？

　　根據研究，這其實並不糟。判斷力減弱其實有助於關係最後的結局。

## 表現好的那一面

　　關係早期，我們會努力展現好的一面，通常會注意彼此正向的特質[101]。在那時，你們兩人都會飄浮在粉紅色的迷霧中，和理想化的對方共舞。我們會努力享受約會，在心中將對方的個性描繪的無比美好[102]。這能增進我們對彼此的感覺，讓我們覺得自己找到「真命天子／女」[103]。

　　後來一段時間過去，關係漸漸發展，感情愈來愈認真，我們放下心房，開始展露真正的樣貌，我們會漸漸放下形象管理。伴侶的負面特質同時會開始出現，但我們這時通常已投入在感情中，不會輕易退出。這聽起來也許感覺不妙，但其實是好事。荷蘭格羅寧根

大學中，他們研究500對夫妻是否相容，發現對彼此有正向幻覺的夫妻關係更成功。他們會繼續覺得伴侶好看、善良、聰明，是真正的「寶藏」[104]。他們強調另一方的強大之處，較少著重在缺點，各方面都享受著更好的關係。不可思議的是，他們會開始努力符合對方對自己的想法。正向幻覺會促進自我實現，讓預言成真。

玫瑰色的眼鏡的效果，與我們如何談論彼此、和彼此互動、如何看待彼此的特質與行為息息相關。這效果甚至能讓我們記得好時光，忘記壞的時光。其實，我們的記憶會影響我們現在如何對待彼此[105]。非常滿意關係的伴侶能記得比實際更多的正向事件，這會影響他們對於伴侶的正、負面評價。我相信這點不意外，但我們對對方觀感愈正向，我們愈滿足。而關係也能維持更久。

我們會比伴侶更正向看待他自己，這現象研究者稱為**盲目之愛偏誤**（love-is-blind bias）[106]。可能和心理學現象中的**確認偏誤**有關，意思是我們會依照第一印象，選擇性尋找證據，佐證我們對人事物最初形成的評價。

## 對伴侶特質保持正向看待的好處[107]

- 關係能得到更大的滿足
- 愛！
- 承諾
- 信任
- 更少衝突和模糊

## 當愛火需要一點撥動

　　好了，大家，我們搭時光機到未來，你和對象後來開始交往，最後變成伴侶。有天早上你醒來，突然想到：「以前我們在一起總是很好玩……」你的伴侶以前會給你浪漫驚喜、刺激的冒險，但最近感覺你們愈來愈少做些有趣的事。你們兩人其實都沒有像以前一樣熱情。魔力已消失，緊張感和新鮮感都消失。失去「熱戀的滋味」令人痛苦。兩人相處變得更舒服，但同時變得更容易預測，這時發覺失去熱情，真的令人心痛。我不只是說身體吸引力或做愛，而是整體大局：你的情感吸引力下滑了。情感吸引力讓我們敞開心胸徹夜長聊，或感覺強烈的情感連結。

　　「我愛你，但我再也不和你談戀愛。」或「我以前都覺得你的身體和情感都吸引我，但我們感情到這個時間點，我再也沒這種感覺了。」沒有人想說或聽到這席話。以下是我建議的三步驟：

### 一、專注在成功之處，而非不合之處

　　你通常會將精力放在有成果的地方，所以告訴伴侶，你欣賞他們之處，以及你喜歡這段關係的哪裡。在衝突時，尤其必須記得這點，我們目光容易變得狹窄，忽略對方的美好特質。花點時間讓視野變廣，看看大局：你們整段的感情。你們為何在一起？無論原因為何，你必須將精力和注意力放在那裡。你們必須一起欣賞那美好之處。你的想法能影響情感，你的情感能夠影響環境。換言之，專注在能讓生活充滿趣味的想法和感覺。這能讓伴侶再次靠近你。

## 二、給自己一點空間

如果你們其中一人需要空間，有兩種方法可以反應。你可以變得黏得更緊，通常會害對方討厭你。另一個方法是給對方一點空間，如果你好好利用呼吸空間，可能會發生好事：你暫時抽出距離，提振精神。你能整理心情，以免後來情緒反撲，不管是幾個小時或幾天，短暫的休息應該也能讓伴侶充分調整他們的想法和懷疑。

## 三、創造吸引力，重新連結

好，所以你的感情目前不慍不火，但有個好消息：如果你們曾吸引彼此，那你們能再重拾感覺。能讓感情重新出現火花的要素早已握在你手裡。

等一下，安潔拉，真的嗎？

沒錯！聽我說。感情需要一點新意，一點驚喜：是時候一起試試一些新的活動了。你記得研究指出伴侶一起去做新鮮的活動時（相對於舒適的活動），伴侶有更好的關係？好了，現在換你了。首先改變週末不變的行程。試著做些你們兩個都沒做過的事，不管是草地曲棍球、森巴舞、參觀博物館或只是拜訪朋友，一起過個假期。如果你們最近形影不離，那也許該分開去做一些事，改變一下節奏。盡其所能打破舊有的例行公事。找到未知的領域，激起好奇心，體驗無法預期的事。

## 快速拉近距離：手把手指南

　　紐約石溪大學國際關係實驗室研究者亞瑟・艾朗（Arthur Aron）研究了我們熱戀時，身體發生什麼事。除此之外，他發明了能「產生人際間親密感」的36個問題，透過這些問題，能快速增加親密感，讓關係加速升溫。當然換個角度來看，這些問題也可以和朋友、家人甚至親密的同事使用。過程一般會花45分鐘，完成之後能幫助我們了解彼此，通常會讓我們更渴望再次見面。注意這個規定：你們兩人都必須先回答眼前問題，才能進行下一個問題，以此類推。

　　你下次和約會對象、潛在對象或伴侶出去時就能帶著這些問題：

❶ 如果你能選擇世界上任何人來與你共進晚餐，你想選誰？

❷ 你想變有名嗎？以什麼方式出名？

❸ 打電話之前，你會事先演練要說的話嗎？為什麼？

❹ 對你來說，最完美的一天是什麼樣子？

❺ 你上次對自己唱歌是什麼時候？上一次唱給別人聽是什麼時候？

❻ 如果你能活到九十歲，而三十歲之後，身體和心靈其中之一能維持在三十歲，你會選擇哪一個？

❼ 你心裡暗自有種預感，知道自己會怎麼死嗎？

❽ 說出三件你和對方似乎有的共同點。

❾ 你人生中最感恩的事情是什麼？

❿ 如果能改變自己成長過程中的一件事，你會改變什麼？

⓫ 花四分鐘，向對方述說你的人生，愈詳細愈好。

⓬ 如果明天一早醒來，你能得到一項特質或能力，那會是什麼？

⓭ 如果水晶球能告訴你關於你的所有事、你的人生、你的未來或任何事，你想知道什麼？

⓮ 你有夢想以久，卻還沒去做的事嗎？你為何沒有做這件事？

⓯ 你人生最大的成就為何？

⓰ 你在友情中最珍惜的是什麼？

⓱ 你最寶貴的回憶為何？

⓲ 你最糟的回憶為何？

⓳ 如果你知道某一年你會突然死去，你會改變現在生活的任何一點嗎？為什麼？

⓴ 友情對於你的意義為何？

㉑ 愛和感情在你人生中扮演什麼角色？

㉒ 輪流分享對方五個正向的特質。

㉓ 你和家人關係好嗎？你覺得自己童年比其他人快樂嗎？

㉔ 你覺得自己和母親的關係如何？

㉕ 說出三個以「我們」開頭的句子。例如，「我們都在這裡感到……」

㉖ 完成以下句子：「我希望有人能和我一起分享……」

㉗ 如果你和對方會成為親密朋友，請分享他／她必須知道且重要的事。

㉘ 告訴對方你喜歡對方的什麼：請誠實以對，說出你可能不會對初次見面的人說的話。

㉙ 和對方分享你人生中難為情的一刻。

㉚ 你在另一人面前哭是什麼時候？自己哭泣是什麼時候？

㉛ 告訴對方，你此刻喜歡他／她的某項特質。

㉜ 你覺得什麼事情不能開玩笑？

㉝ 如果你今晚會死去，沒有機會和其他人聯絡，你會最後悔沒跟誰說什麼話？為什麼你還沒說出口？

㉞ 你的房子起火了，裡面有你的一切。救出你愛的人和寵物後，你有機會安全衝入房子中救出一樣東西。你會救什麼？為什麼？

㉟ 你家人中誰死了你會最心痛？為什麼？

㊱ 分享一個私人的困擾，請對方給你一點建議，聽聽他／她會怎麼處理。另外，請對方告訴自己，你在他們眼中，對於這個困擾有什麼感受。

## 要有效率，別瞎忙

不管是工作，還是和朋友及家人在一起，我們都會扮演不同的角色，當然我們在感情關係中也是如此。我們扮演什麼角色會決定我們有多少責任。我們對性別規範的觀念、親戚間的長幼順序、在前一段關係中的角色都會影響我們的立場。而我們通常會尋求熟悉的位置。

你總是負責處理事情、計劃餐點、持續和朋友及家人聯絡嗎？在關係中，你一直是說服者嗎？我說「說服者」是指總是你在定義關係，像你們多合、你們對彼此多熱情或你們像靈魂伴侶一樣？你是否試圖說服他和你有一樣的感覺？可惜的是，原則上，這策略經常會造成反效果，他對你的感情不會加溫，反而會降低。這是因為伴侶通常會扮演反面角色，事情自然是如此。如果你成為說服者，伴侶通常會抗拒。有人想說服我們，感覺自己被推向特定的方向，我們自然會感到懷疑。

但與其當說服者，你應該努力變得更鼓舞人心。兩者必須分辨清楚。你受到激勵時，你動手做事情會感覺更好。完成你一直想做的事，計劃你會享受的事。享受其中時，伴侶也會受到激勵而想讓你更快樂，並對你充滿熱情。如果過程中，情況變成你在計劃好玩的活動，想讓兩人關係充實，但他一點都不投入時，好好思考這段感情是否適合你。

## 熱情關係的要素

讓新對象升溫，或和長期的伴侶重燃愛火，無論這輛愛情的火車能載你到多遠，以下有22項值得注意的要素，能幫助你和愛人熱戀[108]：

- ♥ **正向看待伴侶** [109]：著重在好事，而非壞事上。記得美好的時光和好的行動。當然，這是在伴侶是個好人的前提之下。如果她不是，別太盲目。
- ♥ **記得美好時光** [110]：注意力放在正向的事情上 [111]。不管今天多無聊，過去一定有值得回憶的好玩時刻。研究顯示記得快樂時光的夫妻對感情關係感到更滿足。有數種方式能喚起這些感受，像傳訊息、比較誰更好玩或更浪漫。
- ♥ **分開時想著伴侶** [112]：你早上出門道別之後，或要出門幾天，你的伴侶仍在你心中嗎？如果沒有，可能代表你對這人沒有強烈的感情。我不是在說你要在眼鏡上貼伴侶的照片，但他們應該至少在日常生活中理所當然出現在你腦海中。
- ♥ **新奇和有挑戰的活動** [113]：當然一起相處很重要，但你們在一起做什麼也會影響關係。一起做新鮮刺激的活動能增進彼此的感情。簡而言之，和伴侶擁有正向的經驗是感情良藥 [114]。
- ♥ **一起活動** [115]：不需要多特別的事，只要一起煮飯、整理東西、打掃閣樓即可。
- ♥ **一起度過時光**：兩人共享的時間愈多，感情愈深厚。一起做家事、

整修房子或看電影都是讓情感滋長的好方法。關鍵詞是「一起」。

♥ **感情**：以身體表現出感情，像親吻臉頰、經過時拍拍肩膀就夠了。

♥ **眼神交會** [116]

♥ **稱讚並正向回應** [117]

♥ **感激** [118]：感情關係通常是以「小細節」來維持，像小情境、行為或評論。感激也是其中之一。感謝伴侶做的好事。我們便能創造正確的氣氛。感謝能增進對感情的滿足，增加未來正向的行為，成為正向迴圈 [119]。

♥ **應對** [120]：伴侶若表達出訊號和需求，妥善應對便能減少他們的壓力 [121]，其實不難，只要全部注意力都放在他們身上即可。在伴侶需要時，仔細聆聽，表現出你在乎，給予安慰和支持 [122]。

♥ **情感連繫** [123]：坦誠說出自己的想法和感受 [124]。你上次提到你的恐懼、夢想和野心是什麼時候？研究證實這類對話（相對於日常聊天）在感情中能加深親密感。

♥ **犧牲** [125]：在關係中投入成本，代表你珍惜這段感情，放在人生優先。

♥ **確認情感** [126]：這可以是禮物、花朵或卡片 [127]。只要是能證明你對伴侶的承諾即可。你也可以告訴她你多欣賞她 [128]，或你覺得她多貼心 [129]。這些動作表現出你想維持感情關係 [130]，你也很開心（知足常樂）[131]。這會增加伴侶的滿足感、投入和愛 [132]。這都是讓愛能持久、溫暖順利的重要元素 [133]。

♥ **手機控管** [134]：難過的是，我們許多人今日會因手機分心，進而影響了我們的感情。但如我之前所說，你們不在一起時，可以用手

機傳些可愛的訊息，增進彼此的關係[135]。

- ♥ **對伴侶的身體反應**：你的伴侶碰觸你時，你不該只感到愛。應該也會讓你身體發麻。

- ♥ **性行為**[136]：做愛是表達激烈愛意的正向方式。我們一開始戀愛時會比較常做愛，而快樂的夫妻會有比較多性愛。不管你們做愛原因為何，性愛能讓溫暖的感覺延續。但如果感情關係其他方面不順，性愛無法神奇修復愛情的問題。

- ♥ **想知道伴侶在哪裡**[137]：這確實聽起來有點像跟蹤狂，但先不討論極端行為，這代表你時時刻刻都想著伴侶。只是要記得，想知道是一回事，但真的開始追蹤伴侶一言一行就太超過了。如果你遇到有人問你在做什麼、你在哪裡、你跟誰在一起，最好保持距離。我有個朋友曾和一個女生約會，她馬上開始仔細列出他約會歷史。他因為工作關係，搬到瑞典另一個區域，但他們仍繼續聯絡，有天晚上他們隨口聊著要去拜訪對方。他還沒確認行程和時間，她已經訂好機票。要注意一點，他們還沒交往，只約了幾次會。這可不是踩到地雷，這是空襲警報了。另一個朋友跟個男生傳訊聊天一下。他們隨口說看要不要出來約會。他們還沒敲定任何事，她就發現他經過她屋子，她和兩個小孩住那裡。變態！所以我的重點不是說，大家可以跟蹤別人，我只是在說，想念愛人，對他們現在在做什麼有好奇心是件好事。

- ♥ **伴侶縈繞心頭**：有點迷戀和強烈的愛慕有正向的連結。但請記得，我們說的是「輕鬆健康」的著迷。（關於程度，你可以自己決定。）

- ♥ **平凡生活的快樂**[138]：更愛你的伴侶。快樂的人通常對伴侶有更強

烈的情感（究竟是雞生蛋，還是蛋生雞，目前還不明朗），不情願、焦慮和不滿足會漸漸讓關係受傷。以樂觀和陽光的態度形成正向迴圈，連結平凡生活的快樂和感情品質，增進生活中的各方各面。

♥ **對事情表現出熱情** [139]：對生活熱情的人通常也會對感情十分熱情。如果你想要關係中充滿熱情，把情感的精力放一些到興趣和消遣上。你對嗜好或政治事務產生熱情時，你的腦袋獎賞中樞的反應會和戀愛時一樣。那份感覺能感染一切。

♥ **關係付出平等** [140]：分手其中最大的風險是伴侶在一段關係中付出不平等。很常見到伴侶努力避免付出，而非一起投入。感情關係需要互惠，有捨有得。


希望這些知識能讓你生活更快樂，感情關係更健康。愛很特別，我們努力延續這份愛吧！

# 結語　一切都不確定時，
　　　一切都充滿可能

　　我去了一趟波蘭索波特，到一家瑞典大公司當主講人，現在才剛到家。活動是辦在美輪美奐的喜來登飯店，旅館窗外便是一片海洋，還有一條彷彿永無止境的海灘。這趟旅程非常令人興奮，有晚宴、派對、觀光行程，甚至去了SPA。昨天晚上我搭飛機回家，我突然想到，單身生活感覺有點像原子。像原子一樣，我們會撞擊彼此。有的人與我們相斥，也許一開始便覺得我們個性不合。我們和其他人步上同個軌道，少數會穩定下來。然後如果我們擦出愛的火苗，會發現自己和特別的對方形成新的分子。兩顆心在新的軌道上結合。

　　我第一場約會是在斯德哥爾摩的南島，對方叫「肯特」。我們下午配對到了，他在城裡一家好餐廳當主廚。我們在瑪麗亞廣場公園附近碰頭，我到時他已經在那裡了。他打扮輕鬆，長相英俊，並提議我們去一間他以前兼職的餐廳。他很有禮貌，那場約會非常順利，於是後面我們又約了幾次會。

　　那初次約會讓我胃口大開。誰知道一年半之後，我已經約會超過上百次。我和大多數對象在斯德哥爾摩見面，靠近我住的地方。大約每七個對象會有一人再約下一次，但大概只有十分之一會約到

第三次。我將年齡篩選調成十八到一百歲，我想盡可能接觸廣大的約會市場。我向右滑機率約17％，我也曾在國外約會。我曾在奧克爾布深情望著小鮮肉的雙眼，也曾在我的車上親吻別人的前夫，搭訕或被人搭訕，有時在夜店、遊艇派對、赫爾辛基的酒吧、哥本哈根及你聽都沒聽過的偏遠小鎮。我遇過人間蒸發、訊息轟炸、詐騙、慢慢消失、撒麵包屑、殭屍復生。有一、兩次，我也曾將對方劃入朋友圈。

我甚至曾在約會之前被甩。那人臨陣脫逃，車子中途回頭，並傳訊給我。我和此生最好笑的人聊過天，笑到不可開交。我曾在我家客廳和一個來自哥特蘭島伴著北歐樂隊的歌跳舞，雖然我們兩個都沒特別喜歡北歐樂隊（北歐樂隊是瑞典音樂，結合了波卡舞曲、鄉村和搖滾）。約會對象的女朋友曾和我聯絡，即使我跟那人約會已經好久以前的事，她仍想知道我們究竟發生什麼事。我曾在斯德哥爾摩愉快散步，在市中心喝咖啡約會，在酒吧約會，在外面野餐，也曾在港口約過好幾次會。我有次兩場約會時間不小心重疊，我設法將兩個約會約在同個地方，直接從一場約會無縫進行下一場約會。相信我，那超尷尬！更別提即使我不曾索求過，卻收過多少屌照。

在一百次約會的過程中，我感受過各種情感。有的約會我只感到友情，有的我感到一點火花，其他的我曾感到深入連結。只要你說得出來的，我在約會場合都見識過了，這是一場增廣見聞又有趣刺激的冒險。就是因為經歷了這些約會，我才寫得出這本書，但約會實驗其實也讓我走上自己的旅程，這是我人生中，個人發展最激

烈的一段時間，並從根本上改變了我。

　　所以我為何走上這場內在革命的過程？其中一個動機是分居之後，我想重新找回自己的身分。約會也幫助了我這點。我見的每個人都讓我進一步了解自己是誰。起初我很敏感，心中充滿不確定，但現在的我感覺充滿自信，知道自己想要什麼。如果命中注定的那天出現，也許會有些不一樣的事。但在那之前，我會繼續享受目前的生活。

　　單身後來不像一開始那麼困難。起初我積極去約會，但過一會，我感覺更輕鬆、更有主見、不再輕易投注熱情。比較像：「你能提供什麼，能讓我生活更好？」我的期望、直覺甚至意志力全變得更好。

　　在一段好的感情關係中，一加一應該等於三。整體感覺應該要高於總合。你和對方生活，心情應該要更好。我也希望你能盡情享受單身生活，無論你有沒有在尋找愛情。

　　以下是五個我覺得有幫助的建議：

## 一、享受你的單身生活

　　把握這段時光！別因為你朋友都有伴了，便覺得單身很痛苦。單身不代表你很爛。你單身，是因為你願意等待真正特別的感情。享受現在的人生。許多人可能會有點羨慕你的自由：你可以隨心所欲出去玩、做任何事和見任何人。你能自由飛越獸巢，停在任何樹梢，和任何人見面。當然，留意你夢寐以求的對象，但別讓生活停滯在同樣的規律之中。

## 二、找些樂子

哈哈大笑，快樂生活吧。把重點放在能讓你喜悅的事物。對自己感到快樂和平靜也能讓你成為更有吸引力的對象。為了自己，試試看刺激或新鮮的活動。和姊姊的同事去趟公路之旅，為童年的朋友辦一場烤肉趴，開始對人生說「好」，出去外面玩耍（但帶本書吧，以防萬一）。積極的生活風格有個額外的好處，你有機會順勢認識新朋友……

## 三、發現自己是誰

多認識人是個辦法，因為你能透過互動了解自己喜歡什麼。別忘記：做自己。別為了滿足他人的期待扭曲一切。搞清楚自己是誰，你在尋找什麼，別怕拒絕別人，勇敢說出像：「不，謝謝你，我們不適合，因為……」或「你感覺人很好，但我們的目標不一樣。祝你好運！」給自己一點愛和信心：欣賞自己的幽默感、想法、興趣甚至外表。（相信我，有天你會回頭看自己今天的照片，想念這時的你多年輕美麗，所以從今天起這樣看待自己吧！）培養接受自己的心態，試著像旁觀者，客觀看待自己在約會世界情感受挫的反應。這會讓約會變得比較沒壓力，更好玩。如果你傳訊了，對方好久都沒回應，那就想：「好，他們顯然沒有要馬上回答。我發現自己有點受不了，這會讓我懷疑自己，或懷疑自己寫的訊息是不是錯了。這真的讓我很生氣，但也很有趣。」注意自己的情緒起伏，也要明白，你和所有人面對的其實都一樣。很困難、很好玩、很刺激，也令人焦慮。處理這些壓力時，不要裝模作樣，不然未來

你的對象只會讓你更失望。取而代之，和他們見面時，做最好的自己！

為自己創造出你希望生活在其中的人生。這我真的要再三強調。你渴望溫暖、繽紛、舒適的家，裡面點著香氛蠟燭，有柔和的燈光嗎？去吧。你想住在白色極簡主義的空房嗎？沒問題。無論你想要什麼，自己創造。你不需為任何人妥協（除了你的孩子），所以擅用自己的自由。改變外在環境，順勢找到真實的自己。

## 四、保持行動力

我們之前有聊到業務會稱之為「數量遊戲」的，代表不見得每個顧客都會跟你買，但你接觸愈多客戶，你會敲定愈多買賣。約會也是如此。如果你約了三十場會，其中六場會覺得浪費時間，一半會覺得還行，但有十場會是美好的約會。而我猜在這之中，可能只有一場你會覺得和對方心有連結。這不是統計上的數字，但我的重點是：**只去一場約會沒什麼用**。以我自己經驗來說，我一百場約會有八次約會非常開心，五次很可怕，剩下就夾在中間，有好有壞。換言之，以統計而言，你不大可能第一次、唯一一次約會就遇到命中注定的對象。保持行動力是關鍵，擁有好幾場約會代表你握有主導權。如果你急著想遇到對象，盡可能頻繁約會，讓數量幫忙。

## 五、別亂定下來

萬歲，你找到對象了！當然，感覺有的地方不對勁，但這就是人生，對吧？缺陷美不正是一種詩意的現實？錯！快跑。這輩子有

更值得努力的事物，就算感情關係值得努力，但這種乳臭未乾的感情真的值得嗎？如果你有所猶豫，花點時間反思為何如此。記得壞的關係讓我們生活悲慘。別傻傻地一廂情願。你不要把五分的事，硬說是十分（八分和九分才合理）。你們開始約會，漸漸了解彼此時，花點時間觀察出他身上所有警訊，或至少察覺足夠的警訊（畢竟我們永遠無法完全洞悉一切）。

外頭一定有適合自己的對象，別委曲求全。幾年前，在斯德哥爾摩的納卡市，有個神職人員說：「如果感覺很輕鬆自在，那可能就對了。」她的意思是，事情不該過度複雜。至少在感情剛開始時，你不該費盡心力才讓一切順利。沒錯，長期的關係會遇到亂流，但你仍在跑道起飛就撞到凸起物的話，這代表情況不大妙。如果你還未做出承諾，就發現不對勁，就跳過這段感情吧。

利用單身的時間搞懂自己想要什麼樣的伴侶。如果你需要有人幫忙，以下有一個小練習：**拿出紙筆，畫出兩欄，左手邊寫下五個伴侶一定要有的特質**。年齡和外貌重要嗎？還是要一個熟悉、善解人意、有同理心、喜歡冒險、樂觀或聰明的人？**右手邊寫下五個大忌，你這輩子無法忍受的事，絕不能容忍**。傲慢？疏離？無禮？成癮？太愛批評或經濟上不負責任？只有你知道自己會填入什麼內容。之後你去約會時，你可以用這清單檢查，並提醒自己的需求，你在尋找什麼、什麼對你來說很重要。你的重點會從懷疑夠不夠好，變成「他能讓我快樂嗎？」無論是人生或是伴侶，了解自己和自己的需求能幫助你紓解焦慮。以正向的態度面對世界，你和身邊的人都會受益。

單身很好玩，但有時也會很痛苦。有的人單身很快樂，有的則覺得很挫折；有的單身者完全不約會，有的則一直在約會。如果約會給你矛盾的感覺，你不孤單。和新朋友見面很令人興奮，但也很嚇人，被拒絕也很討厭。同時，每次新約會都會堆高希望。這會是命中注定的對象嗎？時光飛逝，彷彿所有人都找到伴，自己感覺格格不入，那感覺非常嚇人，但我們各自都處於人生不同的階段。有人的生活可能充滿希望和自信，有人可能感覺一成不變，日復一日。有時你會遇到某個人，感覺心花朵朵開，最後發現他們還不想定下來。有時你會因為對方不符合你的目標，即使肚子糾結一團，你也不得不結束這段很有機會的關係。兩種情況你可能都很熟悉，或你可能見過各種極端的狀況。你可能曾覺得生活煥然一新，也可能感到老天將一切剝奪。我們飛過青空，也曾落入水溝，一切都是人類的經驗。有時你贏，有時你輸，運氣有時好，有時壞。

　　但你並不孤單，你原本的樣貌已經夠好了。你不需要活在別人的期待中，並全盤改變自己。不要害怕自己訊息是否寫得不夠好，是否笑得太多了，或是否太早透露太多訊息。如果你假裝，面具會無法拿下，永遠都在演戲。這樣不行，最好的方式是成為你自己最好的版本！

　　如果生活感覺無法改變，那就享受它提供的一切。不要焦慮，也不要自我批評。如果你的生活感覺空洞孤單，也別在自己難過時補上一腳；要說什麼時候該對自己好，就是這個時候！找到能讓你快樂的事，將精力用在對的地方，你一定能感覺精神為之一振。

在這本書的最後，我希望我說的話、想法和建議能在旅程中幫助到你。但這是你的旅程，所以現在恐怕我必須放手，讓你自己繼續去探索了。我放手之後，從現在起，我希望你要提醒自己，你值得最好的。在最好的選擇出現之前，維持高標準：排出需求的先後順序，了解自己的價值，保持行動力，並從中找到一點樂趣。在這場尋找伴侶的冒險中，別心急，順其自然就好。

各位，祝你們成功！

安潔拉・雅赫拉

# 線上愛情學：
## 心理學家約會心法全公開，讓奇蹟從下一次滑動發生！
100 Dejter : Psykologen Som Kysste 100 Grodor För Att Skapa Den Perfekta Dejting-Guiden

作者｜安潔拉・雅赫拉 Angela Ahola
譯者｜章晉唯
社長｜陳蕙慧
總編輯｜戴偉傑
主編｜李佩璇
責任編輯｜涂東寧
行銷企劃｜陳雅雯、林芳如
封面設計｜萬勝安
內頁排版｜簡至成
讀書共和國出版集團社長｜郭重興
發行人｜曾大福
出版｜木馬文化事業股份有限公司
發行｜遠足文化事業股份有限公司
地址｜231新北市新店區民權路108-3號8樓
電話｜(02)2218-1417
傳真｜(02)2218-0727
Email｜service@bookrep.com.tw
郵撥帳號｜19588272木馬文化事業股份有限公司
客服專線｜0800-221-029
法律顧問｜華洋國際專利商標事務所 蘇文生律師
印刷｜呈靖彩藝有限公司

初版｜2023年6月
定價｜380元
ISBN｜9786263144026

國家圖書館出版品預行編目（CIP）資料

線上愛情學：心理學家約會心法全公開，讓奇蹟從下一次滑動發生！／安潔
拉‧雅赫拉(Angela Ahola)作；章晉唯譯. -- 初版. -- 新北市：木馬文化事業股
份有限公司出版：遠足文化事業股份有限公司發行, 2023.06
296面；14.8X21公分
譯自：100 Dejter : Psykologen Som Kysste 100 Grodor För Att Skapa Den Perfekta
Dejting-Guiden
ISBN 978-626-314-402-6(平裝)
1.CST: 戀愛心理學
544.37                                                              112003540